# REISE DURCH

# OSTPREUSSEN

KRAFT VERLAG WÜRZBURG

*Schutzumschlag vorn:*
*Die Marienburg, ehemaliger Sitz des Hochmeisters*
*des Deutschen Ordens (Ralf Freyer).*
*Schutzumschlag hinten:*
*Danzig, Rechtstadt (Ralf Freyer).*
*Vorsatz: Blick auf Nidden am Kurischen Haff*
*Seite 2/3: Tiefe Einsamkeit und Stille, dichte, dunkle Wälder*
*und kristallklare Seen machen den*
*schwermütigen Reiz der masurischen Seenlandschaft aus.*
*Der Niedersee zählt zu den größten*
*Seen Masurens und wird oft als*
*»Perle der masurischen Seen« bezeichnet.*
*Seite 5: Samlandküste*

*Bildnachweis:*
*Farbabbildungen: Seite 2/3, 6/7, 26/27, 30, 31,*
*34/35, 38, 39, 42/43, 70/71, 78/79: Ralf Freyer.*
*Seite 10/11, 14/15, 18, 50, 51, 52, 53,*
*57/58, 62, 63, 66, 67, 74, 75: Wolfgang Korall.*
*Seite 22/23, 46/47: Udo Reuschling.*
*Seite 18/19: Andrzej Stachurski.*

*Schwarzweißaufnahmen:*
*Seite 5, 13, 24, 36, 69: J.-G.-Herder-Institut, Marburg.*
*Vorsatz, Seite 16, 72: Bildarchiv Preußischer Kulturbesitz, Berlin.*
*Seite 8, 21, 29, 40, 48: Verlagsarchiv.*

*Karte in Vor- und Nachsatz mit freundlicher Genehmigung*
*des Aufstieg-Verlags, Landshut.*

*Die Deutsche Bibliothek – CIP-Einheitsaufnahme*
**Reise durch Ostpreußen /**
*Ralf Freyer, Georg Hermanowski*
*– Würzburg : Kraft, 1993*
*ISBN 3-8083-2029-X*
*NE: Freyer, Ralf; Hermanowski, Georg*

# INHALT

*Königsberg: Blick über den Pregel zum Dom.*
*Seite 6/7: Die einstige Hansestadt Danzig hat sich in Alt- und Rechtstadt viel vom Charme der reichen, mittelalterlichen Handelsniederlassung bewahrt. Der repräsentative Bau des Rechtstädter Rathauses erinnert an die Glanzzeit der Hanse.*

# OSTPREUSSEN — EINE DURCHAUS UNBEQUEME HEIMAT

Scheinbar haben die 1972 ratifizierten deutsch-polnischen und deutsch-sowjetischen Verträge sowie die Bestätigung der aktuellen deutsch-polnischen Grenze im Umfeld der 2+4-Verhandlungen zur Wiedervereinigung einen Schlußstrich unter die vielhundertjährige deutsche Geschichte der östlich von Oder und Lausitzer Neiße liegenden Provinzen des Deutschen Reiches gezogen. Die zuvor in diesem Zusammenhang nicht konsultierten Flüchtlinge und Vertriebenen mußten hilflos zusehen, wie der Bundestag auf ein Viertel des angestammten Territoriums der Nation verzichtete. Manch einer der Betroffenen nahm den Beschluß der auf die vielzitierten, jedoch nie erläuterten Sachzwänge verweisenden Politiker resigniert hin.

Eine diesbezügliche Frage wird sich in den nächsten Jahrzehnten bereits beantwortet haben: Kann man sich durch einen solch einseitigen Gebietsverzicht die Freundschaft und Achtung seiner östlichen Nachbarvölker förmlich erkaufen?

Ostpreußen – eine versunkene, verlorene, ehemalige Heimat? Ich meine, nein.

Versunken ist das Land nicht: Die Wälder, Haffe und Seen existieren weiter, und noch immer läßt sich anhand der Ordensburgen, Dome und Ansiedlungen die Entfaltung deutscher Kultur, Wirtschaft und Verwaltung ablesen.

Verloren ist das Land ebensowenig: Man kann vielleicht einen Kamm oder ein Taschentuch verlieren, dieses Land aber wurde von seinen Bewohnern nicht einfach aufgegeben, es wurde ihnen entgegen geltendem Völkerrecht mit Gewalt genommen, sprich geraubt. Das sentimental verklärende »verloren« ist fehl am Platze. Nicht einmal ein halbes Jahrhundert nach Flucht und Vertreibung der Deutschen kommt es in Europa – im Krieg der Nachfolgestaaten Jugoslawiens – wieder zu derartigen Grausamkeiten, nun als »ethnische Säuberungen« beschönigt. Mangelnde politische Ächtung, ja Verharmlosung des Tatbestandes haben zu dessen Wiederholung beigetragen.

Am vehementesten aber ist dem Attribut »ehemalig« entgegenzutreten. Ein Mensch, der seine Heimat, zumal unfreiwillig, verlassen hat, trägt diese doch sein Leben lang im Herzen mit sich. Beim Zusammentreffen mit alten Nachbarn, Mitschülern, Kollegen oder Menschen ähnlichen Schicksals lebt das Bild der Heimat dann besonders plastisch auf. Wird das Wissen um dieses Land und die eigenen Ahnen zudem sachkundig und liebevoll an die nicht mehr dort geborenen Nachkommen vermittelt, bleibt Ostpreußen weiterhin lebendig. Man nehme sich ein Beispiel an den unter uns lebenden Hugenottenfamilien, die immer noch mit Stolz das Bewußtsein ihrer Herkunft pflegen.

Ein Attribut jedoch will ich Ostpreußen fraglos zugestehen: »unbequem«. Es erfordert immer mehr Rückgrat und Beharrlichkeit, sich den Vorurteilen der politischen Parteien und Medien zu erwehren. Denn zahlreiche Ostpreußen halten, wie andere Vertriebene auch, zum Verdruß ihrer Gegenspieler, die in ihnen nur ein störendes Sandkorn im Getriebe moderner Ostpolitik sehen, am Recht auf ihre Heimat fest und wollen die Erinnerung an das Land ihrer Sehnsucht mit Leben erfüllen. Auch scheint man allzugern vergessen zu haben, daß die deutschen Heimatvertriebenen bereits 1950 jedweder Rache und Vergeltung Abschwur leisteten.

Wer in modernsten Atlanten nach Ostpreußen sucht, mag vielleicht verzweifeln; wer ein Schulkind nach Ostpreußen befragt, erntet bestenfalls ein hilfloses Kopfschütteln. Zuweilen wird man ob seines Interesses für die »kalte Heimat« mitleidig belächelt, vermehrt aber schroff als »ewig gestrig« abgetan. In dieser Auseinandersetzung kommt Begriffsmißbrauch zusehends in Mode. Trauriger Höhepunkt ist die mit dem Zusammenbruch der DDR einherschleichende Umbenennung des mitteldeutschen Raumes in Ostdeutschland. So einfach läßt sich die Oder-Neiße-Problematik aus den Köpfen eines Großteils unserer Bevölkerung reißen. Der historische deutsche Osten wird gleichsam seiner Geschichte und damit seiner selbst beraubt. Der Frieden von Tilsit, die Schlachten bei Tannenberg, fanden sie in einem Niemandsland statt? Fallen so Imma-

nuel Kant, Simon Dach und andere nicht einer posthumen Vertreibung zum Opfer? Werden sie uns demnächst als europäische Geistesgrößen ohne Nationalität präsentiert?

Mit gebetsmühlenartig wiederholten Völkerrechtspositionen allein werden die Vertriebenenverbände freilich kaum Abhilfe schaffen. Darum muß jeder einzelne vermehrt von seiner Heimat im Osten künden und diese ins Licht der Öffentlichkeit rücken. Hierzu mögen unter anderem Reisen nach Ostpreußen dienen, bei denen man nicht nur endlich einmal seine Enkelkinder mitnimmt, sondern seine ebenfalls herbeigelockten thüringischen und westfälischen Freunde einer Verzauberung durch das Land der dunklen Wälder und kristallnen Seen aussetzt.

Geradezu stürmisch wird Ostpreußen seit den letzten Jahren touristisch erschlossen. Doch schon zur Jahrhundertwende hatten Ostseebäder wie Cranz und Rauschen einen klangvollen Namen. In den zwanziger und dreißiger Jahren wurde die Kurische Nehrung mit ihren malerischen Fischerdörfern immer populärer, und das wald- und seenreiche Masuren lockte den Wanderer. Dabei war Ostpreußen nur schwer zugänglich. Der aus dem Versailler Vertrag resultierende sogenannte polnische Korridor schnitt Ostpreußen in dieser Zeit vom übrigen Deutschen Reich ab, so daß der kostenträchtige Seedienst Ostpreußen in Anspruch genommen werden mußte, wollte man polnischen Schikanen anläßlich einer Korridordurchquerung per Eisenbahn entgehen. Nicht zuletzt die beiden Weltkriege rückten die östlichste deutsche Provinz in das Interesse weiter Volksschichten. Die Schlachten bei Tannenberg und an den masurischen Seen weckten Hilfsbereitschaft wie Neugier bei den westlicher lebenden Deutschen für diese Gefilde. Später dann verliebten sich nicht wenige Wehrmachtssoldaten verschiedenster Provenienz bei ihrem Militärdienst in ihre Gastheimat.

Das Ende des Zweiten Weltkrieges brachte den bislang rigorosesten Einschnitt in die Geschichte des Landes. Die in West- und Mittel-

*Die pittoresken buntbemalten Holzhäuser sind typisch für die Gegend um das Kurische Haff. Vor diesem Fischerhäuschen in Nidden liegt einer der alten Kurenkähne, die in früheren Tagen auf dem Kurischen Haff kreuzten.*

11

deutschland gestrandeten Ostpreußen hofften anfänglich auf eine Heimkehr »in wenigen Jahren«, fühlten sich in der Fremde unverstanden, assimilierten sich aber schließlich doch. Was blieb, war der von fast allen gehegte Wunsch, die Heimat »wenigstens einmal noch« im Leben wiederzusehen. Für viele mußte es ein Traum bleiben. Der Kalte Krieg hatte Europa scheinbar unüberwindlich geteilt.

Noch vor der eigentlichen Entspannungsära kam der Tourismus ins südliche Ostpreußen wieder in Gang. Bei der Suche nach Devisenquellen verfiel der polnische Staat zu Beginn der sechziger Jahre auf die Idee, Waidmännern der westlichen Hemisphäre die Wildbahnen seines Machtbereichs zu öffnen, darunter auch Masuren. Dieser Trend hält sich bis in die Gegenwart, wobei heutzutage mit 1600 Gastjägern pro Jahr gerechnet wird.

Der ebenfalls einsetzende Massentourismus diente seinerseits mehreren Zwecken, nicht nur der Devisenbeschaffung. Die Busreisegruppen erfreuten sich der Betreuung durch sogenannte »Piloten« (Reisebegleiter), die nicht etwa vom sozialistischen Aufstieg ihrer Volksrepublik referierten, sondern ein einseitig überzogenes Geschichtsbild des mittelalterlichen piastischen Königreiches entwarfen. Dem unvorbereiteten Zuhörer drängte sich alsbald die Vorstellung auf, daß alle ostdeutschen Provinzen »doch wohl urpolnisches Land« sein müßten.

Der heimgekehrte Vertriebene schließlich wurde nicht mit einer blühenden Heimat, sondern mit heruntergekommenen Städten und brachliegenden Ländereien konfrontiert. Sollte es denn wirklich angebracht sein, Liebe und Anspruch auf eine dergestalt herabgewirtschaftete und entstellte Provinz zu hegen? Zweifel über Zweifel wurden planmäßig geschürt. Neben diplomatischen Schachzügen dienten erklärtermaßen gerade diese geschilderten Bestrebungen in den sechziger Jahren dazu, den polnischen Besitz auch an Teilen Ostpreußens zu sichern. Steter Tropfen höhlt den Stein…

Anders gestaltete sich über vier Jahrzehnte die Lage im sowjetisch dominierten nördlichen Ostpreußen. Es blieb als eines der meistgesicherten militärischen Sperrgebiete Europas lange Zeit unzugänglich. Derweil das »Königsberger Gebiet« unter direkter Verwaltung Moskaus

stand, darf dabei nicht das Memelland vergessen werden, welches – wie bereits schon einmal in der Zwischenkriegszeit – von Litauen administriert wurde. Das Memelland erschloß sich westlichen Touristen ab 1990, während das Königsberger Gebiet ein Jahr später seine Pforten öffnete. Nun galt es, sich persönlich ein Bild von der Region zu machen, von welcher man so lange nur spärliche Nachrichten und Gerüchte hatte sammeln können. Jetzt erwartet man gar 80 000 Touristen. Zum Vergleich: Sri Lanka konnte in den Jahren seines Booms jährlich 50 000 Besucher vermelden. Noch erwarten den Reisenden zum Teil unzureichende Unterkünfte, vor allem aber weitläufig eine ausgeräumt wirkende Landschaft: Etliche Dörfer und auch einige Städte sind wie vom Erdboden verschwunden. Das Heimweh ist stärker, auch wenn viele schon vor Reiseantritt wissen, daß ihrer Heimat zum Teil die Seele geraubt worden ist.

Im Zeitalter des Flugverkehrs kann man Ostpreußen schnell erreichen. Hannover und Königsberg trennt kaum mehr als eine Flugstunde. Freilich sind gerade diese Städte weiter voneinander entfernt als vor dem Krieg. Nicht nur das wirtschaftliche und damit verbundene soziale Gefälle ist enorm. Ob zudem ein Königsberger Freihandelsgebiet aufblühen und als Drehscheibe zwischen Ost und West eine wirtschaftliche, kulturelle und politische Mittlerfunktion wird ausüben können, steht mehr denn je in den Sternen. Schon fordern polnische, aber auch litauische Interessengruppen die Annexion dieser Exklave.

Was die Touristikbranche angeht, so hat diese bereits Zukunftskonzepte für das dreigeteilte Ostpreußen erarbeitet: komfortable Badeurlaube, Kulturreisen und Naturexkursionen. Unter der vorgehaltenen Hand ist dem einen oder anderen Tourismusmanager um das Ableben der gebürtigen Ostpreußen gar nicht so gram. Mit ihrem scheinbar überkommenen Rechts- und Geschichtsbewußtsein stellen die sogenannten Heimwehtouristen nämlich keineswegs den pflegeleichten Standardtyp normaler Massentouristen dar.

Bei allen Mißverständnissen und Fällen von Fehlverhalten, die vereinzelt in der Begegnung zwischen Angehörigen verschiedener Völker

*Das Strandhotel in Cranz.*

wohl unvermeidlich sind, kommt es aber gerade im Zusammentreffen zwischen Ostpreußen und den heutigen Bewohnern ihrer Heimat meist zu harmonischen und ehrlichen Aussprachen. Denn bei allen Sprachhürden fühlen letztere die tiefe Verbundenheit und Liebe der Vertriebenen zur Heimat. Sie folgern richtig, daß von solcher Liebe keineswegs Haß oder Wille zur gewaltsamen Veränderung ausgehen kann. Die Ostpreußen ihrerseits, mit den Mentalitäten ihrer östlichen Nachbarn vertraut, können sich um so leichter in deren Nöte hineinversetzen. In vielfältigen Initiativen leisten die Vertriebenen den in der Heimat verbliebenen deutschen Landsleuten humanitäre Hilfe, ohne dabei die Mitmenschen anderer Nationalität auszuklammern.

Immer mehr bereits in Ostpreußen geborene Litauer, Russen und Polen fragen sich trotz zum

Teil noch bestehender politischer Widerstände nach der Vergangenheit der Region durch.

Immer mehr bereits in West- und Mitteldeutschland geborene Nachfahren gebürtiger Ostpreußen lassen sich nicht mehr durch einen pauschalen Revanchismusvorwurf abschrecken, wollen das Land der Ahnen auch als eine der eigenen Wurzeln begreifen lernen.

Immer mehr gebürtige Ostpreußen verlassen das Schneckenhaus der Resignation, bestrebt, all diesen jungen Menschen auf der Suche nach Identität konstruktiv zur Seite zu stehen.

Möge uns allen durch ihr Engagement Ostpreußen zumindest als Kulturregion erhalten bleiben, um dereinst vielleicht neu zu erblühen!

*H. M. F. Syskowski*

13

*Typischer Kurenkahn mit Kurenwimpel bei Nidden.*
*Seite 14/15: Verwitterte Ruinen blieben von der stolzen Ordensburg Balga, einst bedeutende Festung und älteste Niederlassung des Deutschen Ordens in Ostpreußen.*

# OSTPREUSSEN

## LANDSCHAFT UND GESCHICHTE

Ostpreußen, durch den Versailler Vertrag 1919 zur »Insel des Reiches« geworden, erscheint als geographische Einheit. Die Urbewohner des Landes, die Prussen, lebten hier in Stämmen, die gegeneinander zwar abgegrenzt waren, aber dennoch eine Einheit bildeten, dieselbe Kultur, dieselben Lebensäußerungen zeigten, dieselben Götter verehrten. Keiner vermutet die Verschiedenheit der einzelnen Landschaften: ein Oberland mit leichten Höhenzügen; ein hügeliges Bauernland, das Ermland; Masuren, das Land der dunklen Wälder und der tausend Seen; das Samland mit seiner Steilküste; die beiden Nehrungen, die Frische und Kurische; die Elchniederung – all das gehört zu Ostpreußen.

Plinius berichtet in seiner Naturgeschichte, Tacitus in seiner Germania und Jordanes in der Geschichte der Goten, daß die Aestier oder Aesten – wie man die Bevölkerung des Prussenlandes damals nannte – Bernsteinschmuck bis nach Rom lieferten, sich des Wertes des »Goldes der Ostsee aber kaum bewußt waren«. Goten lebten damals im Weichseltal. Den Namen Prussen gebraucht als erster der »Bayerische Geograph«, der in einer Handschrift, entstanden zwischen 866 und 960, von den »Bruzi« berichtet. »Brus« nannte sie der spanische Kaufmann Ibrahim-ibn-Jacub in seinem Reisebericht. Sie selbst nannten sich Prusai; und in der Gelehrtensprache hießen sie Prutheni oder Borussi. Sie gehörten zur baltischen Sprachfamilie, waren ein baltischer Zweig des indogermanischen Sprachstammes. Städte kannten sie nicht; sie wohnten in dorfartigen Siedlungen. Es gab keine zentrale Verwaltung. Die Prussen lebten vom Ackerbau und von der Viehzucht, waren Jäger und Fischer. Sie kannten eine Naturreligion mit Priestern und Heiligen Hainen. Das bekannteste Heiligtum war der Heilige Hain von Romowe.

Slawen gelang es, zur Küste links der Weichsel vorzustoßen; Dänen landeten 925 im Samland, unterwarfen die Küstenbevölkerung und setzten sich dort fest. Erste Christianisierungsversuche scheiterten, Adalbert von Prag verlor dabei 997 zwischen Nogat und Weichsel, zwölf Jahre später Brun von Querfurt im Gebiet der Sudauer sein Leben.

1225 bat Konrad von Masowien, nachdem der Mönch Christian aus dem Kloster Oliva nur sehr geringe Erfolge hatte erzielen können, den Deutschen Ritterorden unter Hochmeister Hermann von Salza, dieses »letzte Stück heidnisches Land im Osten« dem Christentum zuzuführen. Der Orden sicherte sich ab. Der Kaiser gewährte ihm in der »Goldenen Bulle von Rimini« 1226 Besitzrecht an allen Eroberungen im Prussenland, acht Jahre später bestätigte ihm der Papst den »ewigen Besitz«. So zogen 1231 die ersten Ordensbrüder vom Waffenplatz Vogelsang aufs rechte Weichselufer, gründeten die Burgen Thorn und Kulm, Marienwerder, Elbing und Balga. 1273 war mit dem Sieg über Herkus Monte der Widerstand der Prussen gebrochen; 1283 begann der Orden mit der Sicherung des Landes, 1309 verlegte er seinen Hochmeistersitz zur Marienburg und schuf damit den Deutschordensstaat.

Der Zug »gen Osten« galt als genauso verdienstvoll und dem Seelenheil förderlich wie die Fahrt ins Heilige Land. Aufgabe des Ordens war es, die Bevölkerung zu bekehren, doch gleichzeitig gab er dem Land sein politisches und kulturelles Gepräge, wobei die Kultur der Prussen nahezu unterging. »In 53jährigem Kampfe, bis 1283«, hielt der Chronist fest, »wurde das Prussenland allmählich vom Orden erobert, und in heldenhaftem Ringen hat sich ein freies Volk gegen Unterwerfung und Vernichtung gewehrt.« Es handelte sich nicht, wie bei den ersten Missionaren, um ein friedliches Vorgehen – dieses hätte bei den Prussen erfahrungsgemäß kaum zum Erfolg geführt –, sondern um eine kriegerische Inbesitznahme. »Die Ordensritter«, sagt eine andere Quelle, »verstanden ihren Kampf als Kreuzzug und führten ihn mit äußerster Härte gegen die heidnischen Bewohner des Prussenlandes. Das Ziel hieß Unterwerfung und Christianisierung oder Vernichtung.« Die Prussen wurden in diesen Kämpfen weitgehend vernichtet. Das Land wurde neu urbar gemacht und besiedelt. Siedler aus dem Rheinland, aus Westfalen, aus Lübeck, aus Mitteldeutschland, aus Schlesien

Der scheue König der Wälder – in den ausgedehnten
Wäldern Ostpreußens ist der Elch zu Hause.
Rechts: Ein Storchenpaar vor mondklarem Abend-
himmel – aus diesem Motiv spricht die Seele
Ostpreußens.

und aus der Lausitz, aus Niedersachsen und Thüringen, später aus Flandern und Holland; Hugenotten, Salzburger, Philipponen, Slawen und Litauer fuhren nach Ostland, suchten und fanden hier eine neue Heimat, wurden in Kriegen und von Seuchen immer wieder dezimiert, in den Tatarenstürmen, in den Auseinandersetzungen mit den Nachbarn; immer neue kamen. Sie alle bildeten den »Neustamm der Ostpreußen«.

1243 forderte der Papst, daß im Prussenland vier Diözesen errichtet werden: Kulm, Pomesanien, Ermland und Samland. So schlug 1251 die Geburtsstunde für das Fürstbistum Ermland, das im Gegensatz zu den Bistümern Samland und Pomesanien nicht in den Deutschen Orden inkorporiert wurde und somit ein staatlich-autonomes Sonderleben im Herzen des Deutschordensstaates führte. An seiner Spitze stand der Fürstbischof in doppelter Funktion: als Kirchen- und als Landesfürst. Er war der höchste Geistliche in seinem kirchlichen Verwaltungsbezirk, gleichzeitig Landesherr des Fürstbistums. Ein Drittel des Bistums war bei dessen Gründung dem Domkapitel unterstellt worden, das in seinem Teile ebenfalls Landeshoheit besaß. Während der Fürstbischof in Heilsberg residierte, war der Sitz des Domkapitels seit 1280 Frauenburg am Frischen Haff; ihm unterstanden die Kammerämter Frauenburg, Mehlsack und Allenstein. Da es seine landesherrlichen Rechte als Kollektiv wahrnahm, bestellte es alljährlich einen Domherrn zum Kapiteladministrator oder Landpropst. Er residierte in der Allensteiner Kapitelburg. Der berühmteste Administrator, der dort von 1516 bis 1519 und später von 1521 bis 1522 wirkte, war Nikolaus Kopernikus.

Nach der verlorenen Schlacht bei Tannenberg (1410), in der der Orden eine vernichtende Niederlage erlitt, ging es abwärts. 1419 bis 1422 führte der Deutsche Ritterorden Verzweiflungskämpfe gegen Polen. Kaiser Sigismund, von dem er Hilfe erwartete, riet ihm, gegen die Osmanen zu kämpfen anstatt gegen christliche Polen und Litauer.

1440 wurde in Marienwerder der Preußische Bund gegründet. 19 Städte rebellierten im Jahr darauf gegen die Herrschaft des Ordens. Papst und Kaiser sprachen sich gegen den Bund aus, der Kaiser verlangte sogar die Auflösung. Darauf kündigte der Bund dem Hochmeister den Gehorsam und trug König Kasimir IV. in Krakau die Schutzherrschaft über Preußen an.

1457 sah sich der Hochmeister des Ordens gezwungen, seinen Hochsitz, die Marienburg, an seine Söldner zu verpfänden. Als er das Pfand einlösen wollte, hatten die Söldner es bereits an den Polenkönig verkauft, der dort mit großem Gepränge Einzug hielt. Der Hochmeister mußte seinen Sitz nach Königsberg verlegen. 1464 unterstellte sich das Bistum Ermland aus freien Stücken König Kasimir IV. in dessen Eigenschaft als Herzog der Lande Preußen, der damit anstelle des Ordens die Schutzherrschaft über das Bistum übernahm.

Im Zweiten Thorner Frieden verlor der Orden das Kulmerland und Pomerellen, das Gebiet um Marienburg, Christburg und Elbing. Das Bistum Kulm wurde Gnesen unterstellt. Das Ermland blieb selbständig unter der Oberhoheit des Königs. Dem Hochmeister des Ordens wurde auferlegt, dem König als »polnischer Staatsrat« den Treueid zu leisten. Kaiser Friedrich III. und Papst Paul II. haben diesem Friedensschluß ihre Zustimmung versagt.

Der Ordensstaat behauptete sich noch bis 1525, als sein letzter Hochmeister, Albrecht von Brandenburg, ihn im Krakauer Vertrag – nach vorherigen Verhandlungen mit Martin Luther und dem polnischen König – in ein »evangelisches Herzogtum unter der Erbherrschaft der Hohenzollern«, mit dem Lehnseid gegenüber der Krone Polens erkauft, verwandelte. Kaiser und Papst versagten auch diesem Vertrag ihre Zustimmung; in Rom sprach man offen vom »Krakauer Kuhhandel«; der Kaiser setzte sich für die Erhaltung des Ordensstaates ein und verhängte die Reichsacht über Herzog Albrecht. Am 10. April 1525 fand in Krakau die feierliche Belehnung statt; Albrecht huldigte dem polnischen König und ließ sich von ihm in den erblichen Herzogsstand erheben. Der polnische König war nun auch Lehnsherr des Herzogs in Preußen. Dafür hatte er der Reformation Tür und Tor gen Osten geöffnet. Luther hatte sein Ziel erreicht: Seine neue Lehre war in einem Lande Staatsreligion geworden und somit für die Zukunft gesichert. Die Bischöfe von Samland und Pomesanien wurden evangelisch und gaben die weltliche Herrschaft über ihre Güter an den Herzog ab. Das Ermland blieb souveräner Staat.

*Allenstein: Blick auf die Ordensburg.*

1772 wurde zum Schicksalsjahr: Am 5. August schlossen Rußland, Österreich und Preußen einen Teilungsvertrag über Polen, nach dem Westpreußen (ohne Danzig und Thorn), der Netzedistrikt und das Ermland an Preußen fallen sollten. Friedrich der Große befürchtete, wie die Geschichte vermeldet, die Zarin Katharina wollte das gesamte Polenreich als Beute behalten. Daher sollte Prinz Heinrich erforschen, wie sie über eine eventuelle Teilung Polens denke. Die treibende Kraft zu dieser Teilung war Rußland. Friedrich der Große trat als Vermittler auf, als sich ein russisch-türkischer Krieg durch die feindliche Haltung Österreichs gegen Rußland zu einem europäischen Krieg auszuweiten drohte, an dem Preußen als Bundesgenosse Rußlands hätte teilnehmen müssen. Er machte den Vorschlag, die gegenseitigen Interessen auf Kosten Polens auszugleichen. Den Anstoß zur Teilung gab Österreich, die Initiative ging anschließend

an Preußen über. Ursprünglich sollte Friedrich der Große nur das Ermland erhalten, ein Preis, der nach seiner Meinung »nicht der Rede wert« war. »Polnisch Preußen«, schrieb der König im Januar 1771, »würde die Mühe lohnen.« Fritz Gause urteilt über diesen Vertrag: »Nach den Grundsätzen des Völkerrechts und der Moral war diese Erste Teilung Polens ein Unrecht, aber diese Grundsätze wogen gering in einem Zeitalter der Machtpolitik. Die Teilung war die grausame Konsequenz der Entwicklung, die Polen als Staat genommen hatte. Die von Polen 1772 abgetrennten Gebiete waren zum größten Teil nicht von Polen bewohnt, sondern von Weißrussen, Ukrainern, Deutschen und Kaschuben.« Auch Gotthold Rhode gesteht: »Ohne Zweifel war die Erste Teilung Polens eine von den drei Mächten gemeinsam begangene Unrechtshandlung; sie hielt sich aber im Rahmen der Kabinettspolitik des 18. Jahrhunderts, die große Landgebiete

ohne Rücksicht auf den Willen der betroffenen Bevölkerung einem neuen Souverän unterstellte.« Bei der Zweiten Polnischen Teilung fielen Thorn und Danzig an Westpreußen.

In der Schlacht bei Preußisch Eylau und im nachfolgenden Tilsiter Frieden verlor Preußen alle Gebiete westlich der Elbe, aber auch Danzig und das Kulmerland. 1808 wurde Königsberg die Residenz des »preußischen Reststaates«. Durch Kabinettsorder von 1773 hatte eine Provinz des Königreichs den Namen »Ostpreußen« erhalten. Mit der Konvention von Tauroggen begannen 1812 die Freiheitskriege. 1843 wurde Ostpreußen in den Deutschen Bund aufgenommen, es entsandte Vertreter ins Deutsche Parlament nach Frankfurt. Der Königsberger Professor von Simson stand an der Spitze der Nationalversammlung, die Friedrich Wilhelm IV. zum deutschen Erbkaiser wählte. Die Geschichte Ostpreußens mündete in die Geschichte des Deutschen Reiches.

## GEISTESLEBEN UND WISSENSCHAFT

Der Deutsche Orden ist in keine »Wüstenei« gekommen. Die Prussen waren zwar Heiden, doch sie hatten durchaus ihre Kultur. Zeugnisse ihres Kunstschaffens blieben erhalten; eine bis heute ungedeutete Eigenart in der Bildhauerkunst bilden die »Baben«. Seit altersher wußten die Prussen mit dem Bernstein umzugehen, dem Gold der Samlandküste. Auch Bronze und Eisen waren ihnen nicht unbekannt. Sie hatten ihren Götterglauben und ihr festes Brauchtum. All dies wurde zerschlagen, sogar ihre Sprache ging unter und lebt heute nur noch in Namen und idiomatischen Wortfärbungen fort.

*Der imposante Komplex der Domburg beherrscht das Bild der ermländischen Stadt Frauenburg. Die grazilere Domkirche zählt zu den bedeutendsten Zeugnissen sakraler Baukunst in Ostpreußen. Im Nordwestturm verfaßte der berühmte Astronom und Domherr Nikolaus Kopernikus sein Werk über die Bewegung der Himmelskörper, mit dem er das Weltbild seiner Zeit aus den Fugen heben sollte.*

Und noch einmal meldet sich die Literatur des Preußenlandes laut zu Wort: zu Beginn des 20. Jahrhunderts, als der Rastenburger Arno Holz die »Magna Charta des schrankenlosen Naturalismus« verkündet und zum Bahnbrecher für Gerhart Hauptmann, Hermann Sudermann und Max Halbe wird, als er eine neue deutsche Lyrik begründet, die bis heute Nachfolger findet. Auch die Namen der Schriftsteller, die ostpreußischer Literatur zu Ansehen und Wirkung verhalfen, seien nicht vergessen: Agnes Miegel, die Balladendichterin unseres Jahrhunderts, von Salzburger Herkunft, in Königsberg geboren, Ernst Wiechert, der Sohn der dunklen Wälder, Johannes Bobrowski, der Sarmantiner, Siegfried Lenz, der Schöpfer der Suleyker Geschichten und des »Heimatmuseums«.

## NIKOLAUS KOPERNIKUS UND IMMANUEL KANT

Die beiden größten Gestalten, die in diesem Lande lebten und wirkten, waren der Frauenburger Domherr Nikolaus Kopernikus und der Königsberger Philosoph Immanuel Kant.

Kopernikus hat der Wissenschaft völlig neue Wege gewiesen. Die Astronomen vor ihm hatten die Sterne am Himmel beobachtet, hatten »gespürt«, daß die Erde unter ihren Füßen stillstand, hatten zum Firmament aufgeschaut und aus dem »Erspürten« geschlossen, daß Sonne und Gestirne sich bewegten. Jetzt kam ein Gelehrter und verkündete, daß der Augenschein trüge. Er stellte die gesamte bisherige Himmelsforschung in Frage. Was tatsächlich geschehe, lehrte er, lasse sich mit den Sinnen gar nicht wahrnehmen, es lasse sich allein mathematisch, das heißt denkend erschließen. Kopernikus fragte nicht nach dem Ort außerhalb der Erde, um diese zu bewegen. Er stand fest auf ihr, bewegte sich mit ihr, weil ihm die im steten Denkprozeß gewonnenen Erkenntnisse diesen »Platz außerhalb der Erde« ersetzten.

Das war die eigentliche große Tat: Er stellte das Denken dem sinnlichen Wahrnehmen gegenüber. Er machte sich mit allen Erkenntnissen seiner Vorgänger vertraut und durchdachte diese. Denkend zog er seine Schlüsse daraus. So konnte ja, so mußte ein völlig neues Denkbild entstehen: Das erste Weltbild, das vom menschlichen Denken erschlossen worden war.

»Die Sinneswahrnehmung bedarf zumindest der Nachprüfung, wenn sie als Erkenntnis dienen will!« Diese Feststellung war für die gesamte Astronomie genau so umwälzend wie das »Steh still«, das der Frauenburger Domherr zur Sonne gesprochen hatte. Hier ging eine wissenschaftliche Umwälzung vor sich, die den Namen »Revolution« verdiente. Doch war es eine stille Revolution, eine Revolution ohne Barrikaden und Parolen, bei der kein Blut vergossen wurde. Eine Revolution mit Geduld, mit unendlicher Geduld.

1787 erschien in Riga Immanuel Kants »Kritik der reinen Vernunft«, das »Hauptwerk«, wie er es selbst nannte, die »kopernikanische Wende« des philosophischen Denkens durch die totale Umkehr des bisherigen theoretischen Menschen- und Weltbildes. Seit Jahrhunderten war man gewohnt, die jenseitige, unsichtbare Welt, den Urgrund, das Dasein Gottes, mit Vernunftgründen zu beweisen. Dazu erklärte Kant: Wenn die Vernunft sich anmaßt, die Grenzen des Erfahrbaren zu überschreiten, dann bewegt sie sich auf der Ebene des Glaubens, die durch Erkenntnisse nicht gesichert ist. Dann bewegt sie sich in der Welt der Spekulation. Denn der Mensch kann mit seinem Verstand nur den »Widerschein«, die »Erscheinung« der Dinge erfassen, nicht aber die Dinge selbst, das »Ding an sich«. Gott, Seele, Unsterblichkeit sind »Ideen«, die sich nicht beweisen lassen, sie können nur »gedacht« werden. Heinrich Heine sagte dazu: »Früher, als man die Welt stillstehen und die Sonne um dieselbe herumwandeln ließ, wollten die Himmelsberechnungen nicht sonderlich übereinstimmen. Da ließ Kopernikus die Sonne stillstehen und die Erde um sie herumwandeln, und siehe: Alles ging nun vortrefflich. Früher lief die Vernunft gleich der Sonne um die Erscheinungswelt herum und suchte sie zu beleuchten: Kant aber läßt die Vernunft, die Sonne, stillstehen, und die Erscheinungen dreht sich um sie herum und wird

*Blick auf Elbing.*

beleuchtet, je nachdem sie in den Bereich der Sonne kommt.«

Auf die »Kritik der reinen Vernunft« folgte Kants »Kritik der praktischen Vernunft«. Ideen und Ideale, so erklärte er hier, sind zwar keine Erkenntnisse der reinen Vernunft, doch sind sie für das menschliche Handeln unbedingt notwendig, sie sind »Postulate der praktischen Vernunft«. Es gibt an sich keine ideale, auf sittliche Gesetze und Pflichten begründete Welt; aber um der Würde des Menschen willen muß sie gefordert werden. Durch seinen festen Willen muß der Mensch an die Welt dieses Gesetzes glauben und sie in seinem Dasein verwirklichen. Dazu verhilft dem Menschen »das moralische Gesetz in ihm«, das Gewissen. Daher gilt für den Menschen der kategorische Imperativ: »Handle stets so, daß die Maxime deines Willens jederzeit zugleich als Prinzip einer allgemeinen Gesetzgebung gelten könnte.« Diese zweite Kritik enthält den berühmten Satz, der in die Tafel über dem Grabe Kants geritzt wurde: »Zwei Dinge erfüllen das Gemüt mit immer neuer und zunehmender Bewunderung und Ehrfurcht, je öfter und anhaltender sich das Nachdenken damit beschäftigt: der bestirnte Himmel über mir und das moralische Gesetz in mir.«

Die dritte der großen »Kritiken«, die »Kritik der Urteilskraft« aus dem Jahre 1790, begründete die Wissenschaft der Ästhetik. Aufgabe dieser Wissenschaft ist es, »die Phänomene des Geschmacks zu erklären«. Wir haben keine Kenntnis von der »Schönheit an sich«. Im Grunde gibt es gar keine Schönheit an sich. Nur nach unserem Geschmacksvermögen können wir den Dingen Eigenschaften des Schönen beilegen. So sagt Kant: »Nicht die Dinge sind ästhetisch, sondern die Vorstellungen von ihnen.« Jede Kunst ist für Kant zweckfrei. Sie wurzelt in der »Kultur der Gemütskräfte«, der Humanität. Wir dürfen den »schönen Schein« nicht wegnehmen, der dieses Leben hoffnungsvoll, die Übel erträglich macht.

*Das Hohe Tor ist das einzige der drei massiven Tore der Heilsberger Stadtbefestigung, das bis in die heutige Zeit erhalten blieb. Im 14. Jahrhundert war die Stadt vollständig ummauert, und die massige Wucht des Tores läßt die Stärke der mittelalterlichen Wehrbefestigung erahnen.*
*Links: Die Heilsberger Pfarrkirche St. Peter und Paul war ursprünglich eine Backsteinbasilika, nach dem verheerenden Stadtbrand im Jahre 1497 wurde sie jedoch in eine Hallenkirche umgebaut. Die Turmgalerie und der barocke Helmaufsatz stammen aus dem 17. Jahrhundert.*

31

Die Kritik der Urteilskraft, die »Geschmackslehre« Kants, wurde zur Grundlage für unsere Klassiker, für Schiller und Goethe. Von Herder und den Romantikern wurde sie abgelehnt. Diesen »drei Kritiken« folgte eine Reihe nachkritischer Schriften, von denen hier nur die kleine Schrift »Zum ewigen Frieden« hervorgehoben werden soll. Daraus ein Satz, der zeigt, wie zeitgemäß Kant heute noch ist: »Ich kann mir nun zwar einen moralischen Politiker, das ist einer, der die Prinzipien der Staatsklugheit so nimmt, daß sie mit der Moral zusammenstehen können, aber nicht einen politischen Moralisten denken, der sich eine Moral so schmiedet, wie es der Vorteil des Staatsmannes sich zuträglich findet.«

## WIRTSCHAFTLICHE ENTWICKLUNG — ABWANDERUNG

Der ostpreußische Boden ist arm an Erzen, ja sogar an Steinen. Man baute Burgen, Kirchen und Häuser bevorzugt aus Backstein und begnügte sich mit Natursteinfundamenten. Dafür aber gehörte dieser Boden zur »Kornkammer des Reiches«, wie man das Land einst nannte. Die Prussen lebten zum größten Teil von der Bewirtschaftung des Bodens, den Pelzen, die ihnen die Tiere des Landes, insbesondere Bären, Luchse und Wölfe, lieferten, vom Holz, das es in den »Urwäldern« in Hülle und Fülle gab, vom Fischfang, der in den tausend Seen ertragreich war. Sie trieben bereits regen Handel, Hauptumschlagsplatz war Truso bei Elbing.

Es ist erwiesen, daß schon zur Steinzeit Bernstein gewonnen und verarbeitet wurde. Beim Baggern wurden auf dem Boden des Kurischen Haffes Schmuckgegenstände aus Bernstein im Haffschlamm gefunden, menschliche Figuren und Pferdeköpfe. Anfangs wurde der Bernstein mit einem Feuersteinmesser geschnitzt, auf feinem Sandstein geschliffen, mit einem Leder poliert und schließlich durchbohrt, um ihn als Schmuckstück tragen zu können. Auch zum Bohren benutzte man einen Feuerstein.

Phönizier, heißt es, kamen bis zur Ostsee, um Bernstein zu holen. Es ist überliefert, daß zu Neros Zeiten ein Römer an die Ostsee reiste, um dort Bernstein zu kaufen. Im 14. Jahrhundert gab es die Zunft der Bernsteindreher, die 1539 in Elbing, 1641 in Königsberg nachgewiesen ist. Königsberg war eine der Hauptverarbeitungsstätten des Bernsteins. Die Prussen wußten den Bernstein anfangs nicht recht zu schätzen, doch das änderte sich bald. Schon beim Eintreffen des Deutschen Ordens soll es ein »Bernsteinregal« gegeben haben, das die rechtlichen Verhältnisse beim Sammeln und Graben regelte. Der Orden hat dieses übernommen. Jeder durfte danach Bernstein sammeln, aber nur der Orden durfte ihn verkaufen. Die Strandbewohner waren verpflichtet, Bernstein zu lesen, zu schöpfen, zu stechen und ihn an die Ordensbeamten abzuliefern. Der Orden setzte »Bernsteinherren« ein, die in Lochstädt, Balga und Fischhausen Bernsteinämter leiteten. Wer unbefugt Bernstein sammelte und ihn nicht ablieferte, konnte am nächsten Baum aufgeknüpft werden.

Mit dem Bernstein wollte der Orden möglichst hohe Einkünfte erzielen. Herzog Albrecht versuchte, die Gewinnungskosten zu senken. Er bezahlte die Bernsteinsammler nicht mit Geld, sondern mit Salz, zumal der Orden das Salzmonopol hatte. Schließlich wurde das Recht der Bernsteingewinnung verpachtet. Dagegen schritt der Große Kurfürst ein. Er setzte in Fischhausen ein Bernsteingericht ein. Strandreiter holten den Bernstein bei den Sammlern ab und brachten ihn nach Palmnicken, wo er sortiert und nach Königsberg gebracht wurde. Da der Bernsteindiebstahl nicht abnahm, wurde der Strandeid gefordert. Jeder Strandbewohner mußte schwören, er werde keinen Bernstein entwenden und jede ihm bekannte Unterschlagung, selbst wenn sie von einem nächsten Verwandten begangen würde, anzeigen.

1811 wurde das Bernsteinregal einer Gesellschaft übertragen. Die Pflicht zum Sammeln wurde aufgehoben, die Strandbewohner durften es fortan freiwillig tun. Auch der Strandeid wurde aufgehoben. Ab 1837 schloß die preußische Regierung Einzelverträge mit Pächtern und Gesellschaftern. Die Pachten galten für 12 Jahre. Als der Tagebau am Ufer einsetzte, kam es 1867 zur Neuordnung der Strafen. 1870 ging das Nutzungsrecht auf eine Firma über; seit 1898 lag es beim Staat. Ein Königsberger Professor, der Preußen als das »älteste und berühmteste Land der Erde« ansah, wies in einem Buch »Preußens Ansprüche, als Bernsteinland das Paradies der

Alten und Urland der Menschheit gewesen zu sein« nach, daß das Samland das Paradies der Bibel und der »Lebensbaum« eine Bernsteinfichte gewesen seien. Der Bernstein wurde zum wichtigsten und bekanntesten Exportartikel des Landes. Darüber hinaus waren es meist Spezialitäten, die Ostpreußen auf den Weltmarkt brachte: der Tilsiter Käse, das Königsberger Marzipan, die Nikolaiker Maränen, die Neunaugen aus der Alle; in jüngerer Zeit die Produkte der Zigarrenindustrie, der Imkereien und einiges mehr.

In der 1837 von Gottlieb Ferdinand Schichau in Elbing eröffneten Maschinenbauanstalt wurden Dampfmaschinen, Lokomotiven, Dampfschiffe gebaut. Ostpreußen ist dem großen Vorbild, das der Deutsche Ritterorden auf dem Handelssektor gab, immer treu geblieben; dennoch war die Zeit der Hanse, als vor allem Elbing und Braunsberg von sich reden machten, ein für allemal vorbei. Wenn später auch durch den Masurischen Kanal, die Geneigten Ebenen sowie den Anschluß an das Eisenbahnnetz neue Handelswege erschlossen wurden, so bewegte sich all das in dem bescheidenen Rahmen, der der Größe der Provinz und ihrer Einwohnerzahl zukam.

Das Land hatte viele wirtschaftliche Krisen durchzustehen; als es nach dem Ersten Weltkrieg vom Reich getrennt war, mußte 1931 ein Osthilfegesetz erlassen werden, um es vor einem wirtschaftlichen Zusammenbruch zu bewahren. Der Königsberger Hafen erzielte 1939 im Seeverkehr einen Güterumschlag von vier Millionen, im Binnenschiffahrtsverkehr von einer Million Tonnen. Die Königsberger Börse war wegen ihrer vor allem winterlichen Kulturveranstaltungen bekannter und berühmter als wegen ihrer Finanzkapazität; auch heute dient sie wieder als »Kulturpalast«. Ein besonderes Verdienst um die Belebung der Tuchindustrie kommt den Hugenotten zu, den 20 000 Flüchtlingen, die nach der Aufhebung des Edikts von Nantes 1685 nach Preußen kamen, während die 15 000 Salzburger, die im Rahmen des Retablissements 1732/1733 mit ihren Schiffen in Königsberg einfuhren oder in Landtransporten folgten, im nördlichen Ostpreußen bis nach Tilsit hinauf, den Handel belebten.

Vom Stapelplatz des Fürstbistums Ermland gelangten Getreide, Flachs und Garn ins Ausland. Der Binnenhandel spielte hier kaum eine Rolle, da die Städte sich zum größten Teil selbst oder durch das umliegende Land versorgten. Da die Industrialisierung erst im 20. Jahrhundert einsetzte, konnte das Handwerk lange gedeihen, an der Spitze die Holzverarbeitung. Die Zünfte waren eher sittlich-religiöse Lebensgemeinschaften, die einen Heiligen zum Patron hatten und in der Kirche einen Altar unterhielten. In der Kaufmannswelt spielten nach der Besitzergreifung durch Preußen im Jahr 1772 die Juden eine beachtliche Rolle.

Im 20. Jahrhundert entwickelte sich im Oberland, an der masurischen Seenplatte, auf den Nehrungen und in der Rominter Heide ein reger Fremdenverkehr, der Sommergästen und Wintersportlern »aus dem Reich« die Schönheiten des Landes erschloß und durch deren Mundpropaganda einen beachtlichen Aufschwung nahm. Immer mehr Ostpreußen verbrachten dagegen – trotz der Fülle der Möglichkeiten, die ihr eigenes Land ihnen bot – die Ferien außerhalb der Provinz, behindert durch einen »Korridor«, den sie durchfahren mußten, um in die westliche Welt zu gelangen.

Nach der Reichsgründung von 1870 setzte eine Abwanderung ostpreußischer Bevölkerung nach dem Westen ein. Ursache waren das Aufblühen der dortigen Industrieanlagen, zumal der Kohleförderung im Ruhrgebiet, wie auch der Kinderüberschuß insbesondere in den ermländischen Familien. Von 1871 bis 1910 verließen 1,3 Millionen Menschen Ost- und Westpreußen, zogen nach Berlin, an die Ruhr oder an den Rhein. Auf der Suche nach besseren Lebensverhältnissen, die ihnen die Heimat nicht bieten konnte – wie einst die Siedler im Gefolge des Deutschen Ritterordens und der Fürstbischöfe. Damals kam die Redewendung auf: »Wir gehen ins Reich!«, die nach Schaffung des »Korridors« zum täglichen Wortschatz gehörte. So verloren in den Jahren 1895 bis 1900 die Kreise Ortelsburg 16,9 v. H., Neidenburg 13,7 v. H., Oletzko 12,7 v. H., Lyck und Darkehmen 12,1 v. H., Gerdauen 12 v. H. ihrer Bevölkerung. Es waren meist körperlich sehr leistungsfähige Menschen. Nach der Jahrhundertwende, bis etwa 1925, verzeichneten die Kreise Stuhm, Ortelsburg und Allenstein-Land die stärksten Abwanderungsverluste. Auch Gumbinnen und Stallupönen wurden in Mitleidenschaft gezogen, während die bäuerlichen Gebiete im Ermland nicht so große Verluste zu verzeichnen hatten. Von hier zogen hauptsächlich nachgeborene Bauernsöhne, die keine Aussicht auf die Übernahme des Hofes hatten und nicht Landarbeiter werden wollten, ins Ruhrgebiet, wo sie ein fester Verdienst erwartete. Junge Leute holten ihre Mädchen schnell nach und vergrößerten so den Bevölkerungsverlust. 1900 wohnten bereits 166 733 Ostpreußen im Ruhrgebiet; auf fünf Zuwanderer kamen zwei Frauen. 1907 stammten von rund einer halben Million Zuwanderern 230 bis 240 000 aus Ostpreußen. Diese Zahl erhöhte sich bis 1925 um 70 000.

Während der Anfangs-, ja noch während der Mittelphase des Zweiten Weltkrieges wurden Menschen aus dem Westen nach Ostpreußen evakuiert; in der Endphase trat eine Massenflucht ein, obwohl sie der Gauleiter von Ostpreußen mit allen Mitteln zu verhindern suchte. Über das zugefrorene Frische Haff, mit Schiffen des Seedienstes Ostpreußen und der Kriegsmarine wie auch auf dem Landwege verließen die Menschen in Scharen – über den Abschluß der Kriegshandlungen hinaus – die Heimat. Der deutschen Bevölkerung wurde die Vertreibung aus dem südlichen Teil der Provinz angedroht, falls sie diese nicht freiwillig verließe. Da nach der Besetzung und Übernahme des besetzten Landes durch Polen die Minderheitsrechte der deutschen Bevölkerung nicht anerkannt wurden, kam es zur Aussiedlung in breitem Rahmen. Die Gesamtzahl der aus dem südlichen Ostpreußen Geflüchteten und Vertriebenen betrug 1950 bereits 1 234 000, aus dem nördlichen, von Russen besetzten Teil der Provinz 725 000. Die Zahl der heute in Ostpreußen lebenden Zurückgebliebenen ist nicht bekannt; sie bilden eine Minderheit im eigenen Lande und nehmen durch Tod, anhaltende Aussiedlung, zuweilen auch durch Lebensmüdigkeit beständig ab.

*Lichte Birkenhaine durchsetzen immer wieder die von Wäldern und Wiesen geprägte Landschaft im Kreis Allenstein. Das leuchtende Weiß der Birkenstämme steht in reizvollem Kontrast zu der düsteren Wolkenstimmung des Herbsthimmels.*

*Die Geneigten Ebenen am Oberländischen Kanal.*

## OSTPREUSSEN NACH DEM ZWEITEN WELTKRIEG

Durch das Potsdamer Abkommen vom 2. August 1945 wurde Ostpreußen in einen nördlichen und einen südlichen Teil getrennt. Die Grenze verläuft in westöstlicher Richtung vom Frischen Haff südlich von Heiligenbeil, Preußisch Eylau, Gerdauen, nördlich von Goldap bis zur alten Reichsgrenze. Das nördliche Ostpreußen wurde unter sowjetische, das südliche unter polnische Verwaltung gestellt. Der von der damaligen UdSSR annektierte Teil umfaßt 13 203 Quadratkilometer. Er wurde am 7. April 1946 als Gebiet Kaliningrad mit dem Verwaltungssitz Königsberg der RSFSR angegliedert. Aus dem südlichen Ostpreußen, dem im Südwesten ein geringer Teil polnischen Staatsgebiets zugeschlagen wurde, entstand die Woiwodschaft Allenstein. Das Gebiet umfaßt 21 065 Quadratkilometer und hat Allenstein zur Hauptstadt. Westliche Randgebiete Ostpreußens wurden in die Woiwodschaft Danzig, östliche in die Woiwodschaft Bialystok eingegliedert.

Das nördliche Ostpreußen, als militärisches Schutzgebiet lange Zeit nahezu unzugänglich für alle Fremden, erfuhr einen wesentlichen Strukturwandel, bei dem einige der früheren Orte ihr Bestehen aufgeben mußten. Königsberg, Ostseehafen der ehemaligen UdSSR und Fischereistützpunkt, war bis Ende August 1944 vom Krieg nahezu verschont geblieben. In zwei nächtlichen Luftangriffen zerstörten britische Bomber die ganze Innenstadt und nördliche Außenbezirke. Seit dem 28. Januar 1945 wurde die zur Festung erklärte Stadt von der Roten Armee belagert; am 10. April mußte sie kapitulieren. Zum Zeitpunkt der Kapitulation lebten noch 110 000 Zivilisten in der Stadt. Die Kapitulation überlebten bis zur Ausweisung 1947/1948 nur etwa 25 000.

Bei der Zerstörung der Innenstadt gingen wertvolle Kulturdenkmäler wie die reiche Ausstattung des Schlosses und des Doms verloren, nur ein Teil der Museumsgegenstände wurde gerettet. Die Schloßruine stand noch 25 Jahre und wurde dann abgetragen. Das Schloßgelände wurde planiert, auf ihm erstellten die Russen zwei Hochbauten des Hauses des Sowjets. Ein großer Teil der dichtbesiedelten Gebiete der Innenstadt wurde in Grünanlagen verwandelt. Dafür entstanden der Lenin-Prospekt und der Prospekt Moskau, zwei Prunkstraßen nach sowjetischem Muster. Nur wenige erhaltene Bauten erinnern an das frühere Königsberg: In der Pfarrkirche zur Heiligen Familie spielt heute die Kaliningrader Philharmonie; das Neue Schauspielhaus ist zum Kaliningrader Dramentheater umgestaltet worden, vor ihm steht, wie früher, das Denkmal Friedrich Schillers, das neben der lateinischen eine kyrillische Aufschrift erhalten hat. Auch die Stoa Kantiana am Dom ist erhalten; und in unmittelbarer Nähe steht der Gedenkstein für Julius Rupp, den Großvater von Käthe Kollwitz, von dem man das Bronzerelief der Enkelin entwendet und es durch eine Nachbildung ersetzt hat. In der Luisenkirche spielt heute ein Puppentheater; im früheren Staatsarchiv wurde die Kaliningrader Bibliothek eingerichtet. In den Kulturpark Kalinin hat sich der Tilsiter Elch geflüchtet. Das Königstor blieb nahezu unversehrt, doch hat man den Statuen Ottokars von Böhmen, Herzog Albrechts und Friedrichs I. die Köpfe abgeschlagen, während man am Roßgärter Tor die Bildnisse von Scharnhorst und Gneisenau zu entfernen vergaß. Stehen blieben auch die Börse mit den »Gebrüdern Löwenstein«, heute Kulturpalast der Marine, und die kämpfenden Wisente vor dem Landgericht, als Staatsanwalt und Verteidiger dem Volksmund bekannt. Im einstigen Dohna-Turm befindet sich ein Bernsteinmuseum.

Bernstein wird in Königsberg nach wie vor verarbeitet und exportiert. Daneben stehen der Maschinenbau (Schiffbau, Waggonfabrik, Fabrik für Bau- und Straßenmaschinen, Turmkräne, Ausrüstungen für die Papier und Holz verarbeitende Industrie), Zellulose- und Papierindustrien, zwei Papierkombinate, Fischindustrie und ein Fischkonservenkombinat. Die Stadt hat die Einwohnerzahl von 1939 bereits überschritten. Im Gebiet Kaliningrad lebten 1967 rund 800 000 vorwiegend russische Einwohner. Fischer vom Baikalsee und Bauern von jenseits des Urals sind hierher gekommen. Studenten und Soldaten bestimmen das Stadtbild von Königsberg, dessen Universität wieder in Betrieb genommen wurde. Der Wiederaufbau vollzog sich nicht nach alten Plänen; es wurde nicht restauriert, sondern abgebrochen und nach sowjetischem Muster neu aufgebaut, so daß das Land

eine völlig andere Prägung bekam als zuvor. Königsberg ist Kaliningrad geworden.

Anders sieht es im südlichen Teil Ostpreußens aus. Seit dem Ende der 50er Jahre ist man hier bemüht, den wirtschaftlichen und kulturellen Standard durch bemerkenswerte Aufbauleistungen, vor allem in den Städten, dem der zentralpolnischen Gebiete anzugleichen. Der Wiederaufbau vollzieht sich nach »altem Muster«. Die bedeutendsten Bauten aus der Zeit des Fürstbistums Ermland, der Frauenburger Dom, die Domburg, Schloß Heilsberg, die Backsteinkirchen in den Städten, die barocken Wallfahrtskirchen wurden getreu restauriert, so daß das Land jenen Anblick wiedererhalten hat, den es über Jahrhunderte hinweg zu bewahren wußte. Im Kopernikus-Jubiläumsjahr 1973 war längs einer »Kopernikus-Route« alles in alten Glanz gebracht, was an den großen Astronomen erinnerte. Seine Wirkungsstätten: Heilsberg, Allenstein und Frauenburg erstrahlten wie in alter Zeit, erhielten dazu neue Museen und Denkmäler.

Der ermländische Bischofssitz wurde von Frauenburg nach Allenstein verlegt, die St.-Jakobi-Kirche in Allenstein stieg in den Rang eines Doms auf. 1950 gründete man eine Fachschule für Land- und Milchwirtschaft, eine Fachschule für das Fischereiwesen sowie ein Technikum für Eisenbahner. Allenstein wurde Universitätsstadt. Betriebe für Holzverarbeitung und Herstellung von Landmaschinen entstanden, dazu eine moderne Autoreifenfabrik.

Allenstein ist heute Bahnknotenpunkt, Hauptlinien führen nach Warschau und Thorn. Außerdem ist es auch ein Straßenknotenpunkt. Polen, auf den devisenbringenden Tourismus stark angewiesen, hat auch die Naturschönheiten des Landes, die masurischen Seen und die Geneigten Ebenen, rasch erkannt und dem Fremdenverkehr erschlossen. Viel besucht wird, wie in früheren Zeiten, das Ostseebad Kahlberg auf der Frischen Nehrung. Nach wie vor spielen die sieben Wallfahrtsorte Heiligelinde, Krossen, Dietrichswalde, Springborn, Stegmannsdorf, Glottau und Schönwiese eine Rolle. Die Wallfahrtskirchen sind für die neue Bevölkerung, die meist aus den von den Russen besetzten ostpolnischen Gebieten hierher kam, wie einst für die eingeborenen Ermländer, eine Zufluchtsstätte in Not und Drangsal.

*Ein architektonisches Schmuckstück ist der Laubengang im Nordostflügel des Schlosses zu Allenstein.*
*Die großen Spitzbogenfenster im ersten Obergeschoß waren ursprünglich unverglast, die neuzeitlichen*
*Sprossenfenster mildern die Wuchtigkeit dieses Backsteinbaus. Von dieser Burg aus organisierte*
*Kopernikus 1521 den bewaffneten Widerstand der Stadt gegen die Söldner des Deutschen Ordens,*
*der damals versuchte, in das ordensunabhängige Fürstbistum Ermland einzudringen.*
*Rechts: Schaugiebel der katholischen Kirche in Allenstein.*

*Blick auf die Johanniskirche in Thorn.*

*ca. 2500—1000 v. Chr.* Neolithikum. Erste Funde deuten auf menschliche Besiedlung hin. Man unterscheidet zwei Kulturkreise: 1. *Kammkeramische Kultur* zwischen Darkehmen und Kurischer Nehrung bis zur Nogat. 2. *Schnurkeramische Kultur* am Frischen und Kurischen Haff sowie auf der Elbinger Höhe. Beide Kulturkreise verschmelzen später zur *Baltischen Kultur*.

*ca. 800 v. Chr.—100 n. Chr.* Eisenzeit. Brandgrubengräber weisen auf skandinavische Einflüsse im Samland hin. Vandalen dringen in den Südwesten des Prussenlandes vor.

*um 100 n. Chr.* Der Gotenstamm der Gepiden dringt bis zur Passarge vor. Der römische Geschichtsschreiber Cornelius Tacitus erwähnt den Bernsteinreichtum der Region. Handelsbeziehungen der »Aestier«, wie Tacitus die Prussen nennt, zu den Römern sind nachgewiesen.

*600 n. Chr.* Hochblüte der gotisch-germanischen Kultur.

*700—900 n. Chr.* Zunehmende Einflüsse der Wikinger werden spürbar. Saxo Grammaticus berichtet nach 950 von einem Einfall der Wikinger ins Samland.

*977 n. Chr.* Erster Christianisierungsversuch der Prussen durch Adalbert von Prag; er stirbt als Märtyrer.

*1099 n. Chr.* Zweiter Missionierungsversuch: Brun von Querfurt erleidet ebenfalls den Märtyrertod.

*1138 n. Chr.* Nach dem Tode Boleslaws III. Krzywonsty zerfällt das Polnische Reich in Teilfürstentümer.

*1198 n. Chr.* Gründung des Deutschen Ordens vor Akko. Der Papst verleiht dem Orden das schwarze Kreuz auf weißem Mantel.

*1215 n. Chr.* Der Zisterziensermönch Christian wird zum ersten Bischof des Prussenlandes ernannt. Aufstand der Prussen. Konrad von Masowien ruft den Deutschen Orden um Hilfe gegen die heidnischen Prussen an.

*1226 n. Chr.* Goldene Bulle von Rimini: Kaiser Friedrich II. gewährt dem Orden die Besitzgarantie und das Recht auf Staatsgründung für die missionierten Gebiete.

*1231 n. Chr.* Eroberungsfeldzug des Deutschen Ordens gegen die Prussen unter Bruder Hermann Balk. In der Bulle von Rieti spricht der Papst dem Orden das eroberte Land »auf ewigen Besitz« zu.

*1242/1243 n. Chr.* Erster Prussenaufstand gegen den Orden.

*1260 n. Chr.* Bischof Anselm gründet das Domkapitel Ermland, das später zu einem ordensunabhängigen Fürstbistum wird. Zweiter Prussenaufstand gegen den Deutschen Orden.

*1283 n. Chr.* Der Deutsche Orden unterwirft den letzten freien prussischen Gau.

*1309 n. Chr.* Verlegung des Hochmeistersitzes von Venedig auf die Marienburg. Pomerellen kommt zum Ordensland; die Blütezeit des Deutschorden-Staates bricht an.

*1370 n. Chr.* Friede von Stralsund; Höhepunkt der Hansezeit.

*1409 n. Chr.* Der Hochmeister Ulrich von Jungingen erklärt Polen den Krieg.

*1410 n. Chr.* Schlacht bei Tannenberg; der Orden erleidet eine verheerende Niederlage gegen Polen.

*1411 n. Chr.* Erster Thorner Friede; die hohen Lösegeldforderungen Polens begründen den wirtschaftlichen Ruin des Ordens.

*1419—1422 n. Chr.* Der Orden führt letzte Verzweiflungskriege gegen Polen.

*1440 n. Chr.* Gründung des Preußischen Bundes (»Bund vor Gewalt«) in Marienwerder; 19 Städte rebellieren gegen die Herrschaft des Deutschen Ordens.

*1454 n. Chr.* Der Preußische Bund trägt König Kasimir IV. von Polen die Schutzherrschaft über Preußen an. Kasimir IV. erklärt dem Orden den Krieg.

*1455 n. Chr.* Der Hochmeister verpfändet die Marienburg an seine Söldner, die sie umgehend an den Polenkönig verkaufen. Der Orden muß daher den Hochmeistersitz nach Königsberg verlegen.

*1466 n. Chr.* Zweiter Thorner Friede. Das Ermland unterstellt sich aus freien Stücken König Kasimir IV. als Herzog von Preußen. Die Macht des Ordens ist endgültig zerschlagen; der Hochmeister muß dem polnischen König Treueschwur und Heerfolge leisten.

*1473 n. Chr.* Geburt des Nikolaus Kopernikus in Thorn.

*1520 n. Chr.* Der Deutsche Orden versucht im »Reiterkrieg« ein letztes Mal seine Machtstellung zurückzugewinnen. Kopernikus rüstet Allenstein gegen die Söldner des Ordens.

*1525 n. Chr.* Friede zu Krakau. Hochmeister Albrecht wandelt den Ordensstaat gegen den Willen des Papstes und des Kaisers in das evangelische Herzogtum Preußen um. Einführung der Reformation in Preußen. Der Orden wählt daraufhin Walter von Cronberg zum Hochmeister. Säkularisierung der Bistümer Samland und Pomesanien.

*1543 n. Chr.* Erste holländische Siedlungswelle. Die von Karl V. des Landes verwiesenen Protestanten werden im Herzogtum angesiedelt.

*1544 n. Chr.* Gründung der Königsberger Universität.

*1556 n. Chr.* Zweite holländische Siedlungswelle. In diese Zeit fallen die Stadtgründungen von Tilsit (1552) und Goldap (1567).

*1626—1629 n. Chr.* Erster Schwedischer Krieg. König Gustav Adolf von Schweden setzt sich in Preußen fest und macht Elbing zu seinem Hauptquartier.

*1656—1660 n. Chr.* Zweiter Schwedischer Krieg (Polnisch-Dänisch-Schwedischer Krieg). Kurfürst Friedrich Wilhelm von Brandenburg erhält Preußen und das Fürstbistum Ermland von Schweden zum Lehen. Im Vertrag von Labiau erkennt Schweden, im Vertrag von Wehlau dann auch Polen die Souveränität Preußens an, das dafür auf das Ermland verzichtet.

*1660 n. Chr.* Friede von Oliva. Allgemeine Anerkennung der Souveränität Preußens.

*1661 n. Chr.* Die erste preußische Verfassungsurkunde liegt vor.

*1678 n. Chr.* Einfall der Schweden in Preußen.

*1688 n. Chr.* Tod des Großen Kurfürsten.

*1700—1721 n. Chr.* Großer Nordischer Krieg.

*1701 n. Chr.* Preußen wird Königreich; unter Protest der römischen Kurie wird Friedrich III. zum König *in* Preußen gekrönt.

*1713 n. Chr.* Friedrich Wilhelm I. übernimmt die Regierungsgeschäfte.

*1740 n. Chr.* Das Zeitalter Friedrichs des Großen beginnt.

*1740—1742 n. Chr.* Erster Schlesischer Krieg.

*1744—1745 n. Chr.* Zweiter Schlesischer Krieg.

*1756—1763 n. Chr.* Dritter Schlesischer Krieg (Siebenjähriger Krieg). Vorübergehende russische Besetzung Ostpreußens. Preußen kann große Teile Schlesiens ins Herrschaftsgebiet eingliedern.

*1772 n. Chr.* Erste Polnische Teilung. Das Ermland geht an Preußen.

*1773 n. Chr.* Durch Kabinettsorder werden die beiden Provinzen »Westpreußen« und »Ostpreußen« benannt. Friedrich der Große nennt sich nun König *von* Preußen. Durchführung von Rechtsreformen, eine einheitliche Justizverfassung wird angestrebt.

*1793/1795 n. Chr.* Zweite beziehungsweise dritte Polnische Teilung.

*1806 n. Chr.* Polen besetzt das südliche Ostpreußen; Kontinentalsperre.

*1807 n. Chr.* Friede von Tilsit. Preußen muß einen großen Teil der durch die polnischen Teilungen gewonnenen Gebiete wieder abtreten. Ostpreußen wird von den Franzosen besetzt.

*1815 n. Chr.* Wiener Kongreß; Gründung des Deutschen Bundes.

*1848 n. Chr.* Ostpreußen tritt in den Deutschen Bund ein.

*1849 n. Chr.* Die Frankfurter Nationalversammlung wählt Friedrich Wilhelm IV. zum Erbkaiser. Seine Ablehnung führt zu Unruhen.

*1862 n. Chr.* Unter Wilhelm I. wird Bismarck zum Ministerpräsidenten berufen.

*1864 n. Chr.* Preußisch-Dänischer Krieg.

*1866 n. Chr.* Preußisch-Österreichischer Krieg; Auflösung des Deutschen Bundes.

*1870/1871 n. Chr.* Deutsch-Französischer Krieg; Kaiserproklamation in Versailles. Große Abwanderungsbewegung der Bevölkerung aus West- und Ostpreußen in die Industriegebiete an Rhein und Ruhr und nach Berlin.

*1914—1918 n. Chr.* Erster Weltkrieg.

*1919/20 n. Chr.* Versailler Vertrag, Ostpreußen wird durch den polnischen »Korridor« vom Deutschen Reich isoliert. Das Memelgebiet wird an die Alliierten abgetreten, für das südliche Ostpreußen wird die Durchführung einer Volksabstimmung beschlossen.

*1933 n. Chr.* Machtergreifung Adolf Hitlers in Deutschland.

*1935 n. Chr.* »Gleichschaltung« ganz Preußens.

*1938 n. Chr.* Reichskristallnacht.

*1939 n. Chr.* Ausbruch des Zweiten Weltkriegs (1939—1945).

*1945 n. Chr.* Nach dem Potsdamer Abkommen wird die Provinz Ostpreußen in einen nördlichen und einen südlichen Sektor aufgeteilt. Der Norden wird unter sowjetische, der Süden unter polnische Verwaltung gestellt, unter Vorbehalt auf eine endgültige friedensvertragliche Regelung. Als Westgrenze Polens wird die Oder-Neiße-Linie festgelegt.

*1947 n. Chr.* Der nördliche Teil Ostpreußens wird in die damalige RSFSR eingegliedert. Königsberg wird in Kaliningrad umbenannt, große Teile der Umgebung werden zu militärischem Sperrgebiet.

*1991 n. Chr.* In den deutsch-polnischen Freundschaftsverträgen einigt man sich auf die Respektierung der Oder-Neiße-Linie als Grenze zwischen Polen und dem 1990 wiedervereinigten Deutschland.

*1992 n. Chr.* Nach dem Putschversuch gegen den sowjetischen Staatschef Michail Gorbatschow zerfällt die Sowjetunion in mehr oder weniger unabhängige Staaten. Das nördliche Ostpreußen gehört nunmehr zur Russischen Republik. Nach der Ost-West-Entspannung wird das militärische Sperrgebiet um Kaliningrad/Königsberg aufgehoben. Man denkt über eine Rückbenennung der Stadt in Königsberg nach dem Vorbild Leningrad/St. Petersburg nach.

*Seite 42/43: Die herbe Schönheit und Ursprünglichkeit der Wald- und Heidelandschaft bei Johannisburg hat ihren eigenen Reiz.*
*Seite 46/47: Die Rastenburg zählte einst zu den ältesten Ordensburgen im südlichen Ostpreußen. Um die Reste historischer Bebauung der Stadt gruppieren sich heute moderne Wohnblocks in Plattenbauweise.*

*Der Lange Markt in Danzig.*

# HISTORISCHE REISE DURCH OSTPREUSSEN

## VON MEMEL BIS DANZIG

*Memel, den 15. Juni 1789*
Ich erwartete, daß man uns auf der preußischen Grenze anhalten würde, aber das geschah nicht. Wir kamen in Memel um elf Uhr an und stiegen im Gasthofe ab.

Die Stadt ist nicht groß; die Häuser sind von Stein, aber es gibt nur wenig ansehnliche. Die Zitadelle ist sehr stark befestigt, und doch haben sie unsere Russen im Siebenjährigen Krieg genommen.

Memel ist eine ansehnliche Handelsstadt. Das Kurische Haff, an dessen Ausfluß in die Ostsee sie liegt, ist sehr tief. Der Hafen liegt voller Schiffe, die größtenteils Hanf und Holz für England und Holland laden. Von Memel nach Königsberg gibt es drei Wege. Am Strande rechnet man achtzehn Meilen und über Tilsit dreißig. So beträchtlich der Unterschied aber auch ist, so wählen die Fuhrleute doch fast immer die letztere Straße, um ihre Pferde zu schonen, die in dem tiefen Sande des Strandes zu sehr leiden. Alle Fuhrleute, die von hier nach Königsberg fahren, müssen einen Schein lösen und Geleite bezahlen. Unser Gabriel bezahlte drei Taler, indem er vorgab, er führe den Strand entlang; in der Tat aber fuhren wir über Tilsit. Hätte er die Wahrheit gesagt, so hätte er fast doppelt soviel geben müssen; denn da es auf die Anzahl der Pferde und Meilen ankommt, so hätte er statt achtzehn dreißig Meilen bezahlen müssen. Der dritte Weg ist zu Wasser über das Haff; bei gutem Wetter unstreitig der kürzeste, denn man kann in sieben Stunden in Köngisberg sein. Unsere Deutschen, die den Fuhrmann nur bis Memel bedungen hatten, reisen zu Wasser, welches beiden nicht mehr als zwei Dukaten kostet! Gabriel wollte mich und den Italiener – mit welchem er entweder durch Zeichen oder vermittels eines Dolmetschers, der ich bin, spricht – bereden, mit ihnen zu reisen, was für ihn bequemer gewesen wäre; aber wir zogen eine ruhige und sichere Reise einer unruhigen und unsicheren und manchmal stürmischen und gefährlichen vor.

Kaum waren wir hier angekommen, so meldeten sich die Visitierer, und damit unsere Sachen nicht durchwühlt würden, gaben wir ihnen einige Groschen. Zu Mittag aßen wir sehr schmackhafte Fische, woran Memel einen Überfluß hat; und da man uns sagte, daß die Wirtshäuser in Preußen sehr ärmlich seien, versorgten wir uns mit gutem Brote und mit Wein. Jetzt ist es Zeit, meine Freunde, den Brief auf die Post zu bringen, denn schon spannt man die Pferde an. Was mein Herz macht, fragt Ihr? Ich danke dem Himmel, es ist ruhiger geworden. Bald denk ich an Euch, meine Lieben – nur nicht mit dem Harme wie sonst –, bald lasse ich meine Augen über Wiesen und Felder schweifen, ohne überhaupt zu denken, oder ich träume von der Zukunft, und immer erscheint sie mir in rosenfarbnem Lichte. Lebt wohl! Lebt gesund und zufrieden, und denkt Euch Euren pilgernden Freund als – den Ritter von der lustigen Gestalt. Lebt wohl!

*In einem Kruge, eine Meile hinter Tilsit, den 17. Juni 1789, um 11 Uhr in der Nacht*
Alles schläft um mich her. Auch ich hatte mich niedergelegt; da ich aber über eine Stunde umsonst auf Schlaf gewartet hatte, so entschloß ich mich, aufzustehen, Licht anzumachen und einige Zeilen an Euch zu schreiben.

Ich bin sehr froh, daß ich nicht einwilligte, von Memel zu Wasser zu reisen. Die Gegenden, durch welche wir gekommen sind, haben viel Reizendes. Hier zeigte sich unsern Augen ein herrliches Saatfeld; dort eine blumenreiche Wiese, dort kleine Lustwälder und Gesträuche, die gleichsam mit geschmackvoller Symmetrie hier und da verteilt zu sein scheinen. Niedliche Dörfer in der Entfernung verschönern und beleben die Ansicht. *»Qu'il est beau ce pays – ci!«* rief ich mit dem Italiener um die Wette aus. Überhaupt scheint es, als wenn das Land in Preußen noch besser bearbeitet wäre als in Kurland; auch ist das Brot bei guten Jahren in der hiesigen Gegend außerordentlich wohlfeil. Vergangenes Jahr war die Ernte jedoch so schlecht, daß die Regierung die Bevölkerung aus ihren Magazinen unterhalten mußte. Fünf oder sechs Jahre gedeiht das Getreide gut, im siebenten dann schlecht – und

*Die Stoa Kantiana an der Nordostecke des Doms hat alle Stürme der Verwüstung überstanden. Hier ruht Immanuel Kant, der große Philosoph, der seine Heimatstadt Zeit seines Lebens nicht verlassen hat. Von Achtung und Verehrung für den berühmten Sohn der Stadt zeugen die frischen Blumen, die vorwiegend von russischen Studenten auf seinem Grabmal niedergelegt werden.*

*Links: Die Ruinen des Königsberger Doms strahlen heute noch etwas von jener Majestät und Würde aus, die diesen Bau einst kennzeichneten. Der Zweite Weltkrieg hinterließ von der blühenden und wohlhabenden Stadt nur ein rauchendes Trümmerfeld, und viele der noch verbliebenen historischen Baureste wurden von sowjetischer Seite als Zeugnisse einer unerwünschten Vergangenheit endgültig vernichtet. Nach dem Zerfall der Sowjetunion zeichnet sich zwar ein Wandel im Umgang mit dieser Vergangenheit ab, doch fehlen der jungen Russischen Republik die finanziellen Mittel für eine fachgerechte Restaurierung.*

51

*Die Verwendung leuchtendroter Backsteine für den Kirchenbau ist typisch für das Ordensland Preußen.
Der Deutsche Orden brachte den aus den Niederlanden und dem norddeutschen Raum stammenden
Baustil in das Prussenland und prägte mit seinen Burgen und Wehrkirchen in Backsteingotik das Gesicht
des Landes. Die Kirche in Heinrichswalde stammt jedoch aus jüngerer Zeit.
Rechts: Beim Anblick der 416 Meter langen Luisenbrücke in Tilsit mag man sich an die berühmte
Unterredung zwischen Napoleon und der preußischen Königin Luise im Jahre 1807 erinnern, als in dieser
Stadt der Friede zu Tilsit geschlossen wurde.*

leszerstörenden Hand der Sieger, die jedes Denkmal des Heidentums vernichteten – ein unschuldiges Opfer! Die abergläubische Sage erzählt, daß es lange Zeit unmöglich gewesen sei, diese Eiche zu fällen. Jede Axt sprang von ihrer dichten Rinde wie von einem Diamanten. Endlich habe sich ein Beil gefunden, das diesen Zauber löste und den Baum von der Wurzel trennte. Zum Andenken an dieses wohltätige Beil heiße nun der Ort Heiligenbeil. Jetzt trinkt man in diesem heiligen Beile gutes Bier und ißt gutes Weißbrot, und zur Ehre desselben hab ich einige Semmeln gekauft, die in der Tat sehr weiß sind. [...]

»Hier lebte und starb Kopernikus«, sagte der Kapitän zu mir, als wir durch den kleinen Fleck fuhren. – »So ist das Frauenburg?« – »Ja, das ist es.« Wie sehr tat mir's leid, daß ich die Zimmer nicht sehen konnte, die dieser berühmte Mathematiker und Astronom bewohnte und wo er die Umdrehung der Erde um ihre Achse und um die Sonne fand, da man bis auf ihn geglaubt hatte, die Erde stehe im Mittelpunkte des Planetensystems fest, welche Meinung auch in der Folge Tycho de Brahe wieder verteidigte. So lebten durch das System des Nikolaus Kopernikus die Ideen des Pythagoras wieder auf, über welche die Griechen spotteten, weil sie ihren Sinnen mehr glaubten als dem Philosophen.

Kopernikus war glücklicher als Galilei. Der Aberglaube, der zu seiner Zeit noch überall herrschte, zwang ihn nicht, wie diesen, der erkannten Wahrheit abzuschwören. Er starb friedlich in seiner Wohnung; aber Tycho de Brahe mußte sein philosophisches Schloß und das Vaterland verlassen. Die Wissenschaften hatten, wie die Religionen, ihre Märtyrer.

Gegen Abend kamen wir nach Elbing, keine große, aber eine sehr artig gebaute Stadt, die guten Handel treibt. Die Garnison besteht aus zwei bis drei Regimentern. Die Post mußte hier ziemlich lange warten, und wir gingen unterdessen ins Kaffeehaus, wo – außer dem Wirte und den Gästen – alles so ziemlich rein war. Seit Königsberg hab ich auch noch keinen einzigen wohlgekleideten Menschen gesehen. Zwei spielten Billard. Der eine, ein Mann von ungefähr vierzig Jahren, trug einen grünen Rock, graue Weste und eine schmierige Perücke; der andere, ein junger Mensch, hatte einen ganz bunten kurzen Frack an und trug einen runden Hut. Der erste

spielte sehr schlecht und ärgerte sich bei jedem Stoße. Der andere wollte sich über ihn lustig machen und lachte bei jedem Fehler, den er machte, aus vollem Halse. Dann sah er bald auf uns, bald in den Spiegel, um sein beschmutztes, unendlich dickes Halstuch zurechtzurücken. Eine Karikatur nach der anderen trat in die Stube, und alle forderten sogleich Bier und Pfeifen. Ich war sehr verdrießlich, dabei fühlte ich ein starkes Wallen im Blute, das wahrscheinlich vom Kaffee und dem Schütteln des Postwagens herkam.

Als wir uns aufsetzten, fanden wir auf dem Postwagen einen jungen Offizier und eine alte Frau, die sich als unsere Reisegefährten ankündigten und um unsere Freundschaft baten. Dadurch wurde es denn ziemlich enge auf dem Postwagen. Die Offiziere freuten sich des neuen Kameraden, mit dem sie über die letzte Revue sprechen konnten. Das alte Weib war eine geborene Schwedin, und da sie hörte, daß ich Russe sei, hob sie die Hände gegen Himmel und rief: »Ach! Ihr Bösewichter, ihr ruiniert unseren armen König!« Die Offiziere lachten, und ich lachte mit, doch nicht so recht aus gutem Herzen.

Unterdessen hatte der herrliche Abend meine Seele zu angenehmen Eindrücken gestimmt. Auf beiden Seiten des Weges breiteten sich blumenreiche Wiesen aus. Die Luft war frisch und rein; zahlreiche hie und da auf dem samtenen Grase zerstreute Herden feierten mit ihrem Blöken und Brüllen den Untergang der Sonne. Junge Bäuerinnen melkten die Kühe und sogen den heilsamen Duft der frischen Milch ein, die in allen hiesigen Dörfern das wichtigste Produkt ist. Die Bewohner derselben gehören, wenn ich nicht irre, zur Sekte der Wiedertäufer. Man lobt diese Leute wegen ihrer strengen Sitten, ihrer Liebe zum Frieden und ihrer Ehrlichkeit. Nie heben sie ihre Hand auf gegen den Nächsten. Das vergossene Blut eines Menschen, sagen sie, schreit gegen Himmel. Die Stille der einbrechenden Nacht schloß endlich meine Augen. Jetzt sind wir in Marienburg, wo ich Zeit genug hatte, diese Zeilen zu schreiben. Diese Stadt ist nur deswegen merkwürdig, weil vorzeiten die Großmeister des Deutschen Ordens auf dem hiesigen Schlosse residierten. Meine Feindin, die alte Schwedin, wurden wir hier los; dagegen ist ein langer Offizier eingestiegen, der jetzt neben mir sitzt. Es fängt an, Tag zu werden. Lebt wohl! Aus Danzig schreib ich Euch wieder.

*Danzig, den 22. Juni 1789*
Die Post ist in dem preußischen Flecken Stolzenberg, der auf einem hohen Berge bei Danzig liegt, eingekehrt, und Danzig liegt zu unseren Füßen wie auf einer Schüssel, so daß man die Dächer zählen kann. Diese schöne und regulär gebaute Stadt, der Hafen, die Schiffe darin, die weißen, schimmernden Segel, die in verschiedenen Entfernungen auf der wogenden, unübersehbaren Fläche des Wassers schwimmen – alles das zusammen, meine Lieben, macht ein Gemälde, das die Seele erhebt und wie ich noch keines sah. Zwei Stunden hab ich es unbeweglich, in tiefer Stille und süßem Vergessen meiner selbst, betrachtet.

Aber der Glanz dieser Stadt hat seit einiger Zeit sehr abgenommen. Der Handel, welcher die Freiheit liebt, sinkt täglich mehr unter dem Drucke des mächtigen Nachbars. So wie die Kartäuser, wenn sie einander in dem einsamen Dunkel ihrer Wohnungen begegnen, anstatt des Grußes mit sterbender Stimme sich zurufen: *Memento mori!*, so seufzen sich die Einwohner dieser Stadt mit der Miene der Verzweiflung zu: Danzig, Danzig, wo ist dein Ruhm? – Der König von Preußen hat einen ungeheuren Zoll auf alle Waren gelegt, die von hier in See gehen, von welcher Danzig fünf bis sechs Werst entfernt liegt. [...]

Das prächtigste Gebäude in der Stadt ist das Rathaus. Fast alle Häuser haben fünf Stockwerke, und die besondere Reinlichkeit der Fenster verschönert die Ansicht. Danzig hat eine eigene Münze, die aber außerhalb der Stadt nicht gangbar ist, und selbst in der Stadt zieht man das preußische Geld vor.

Auf der westlichen Seite Danzigs erheben sich drei Sandberge, die ungleich höher sind als die Türme der Stadt. Im Fall einer Belagerung kann eine Batterie von hier aus die Stadt in Grund und Boden schießen. Auf einem dieser Berge, dem Hagelsberge, ist vorzeiten ein Raubschloß gewesen, das weit umher Schrecken verbreitet hat. Dort zeigt man auch die Gräber der Russen, die im Jahre 1734, als Graf Münnich die Stadt stürmte, geblieben sind. Die Belagerten wußten, auf welcher Seite man stürmen würde,

und so zogen sie alle ihre Stärke auf dieser Seite zusammen und fochten wie Verzweifelte. Es ist bekannt, daß Danzig von der Partei des Stanislaus Leszczyński und gegen August III. war, den Rußland unterstützte. Doch unterwarf es sich endlich.

Meine Reisegefährten, die Offiziere, wollten die Festungswerke besehen; aber die Schildwachen wiesen sie zurück und drohten zu schießen. Sie lachten über die übertriebene Strenge und gingen zurück. Die Soldaten sind größtenteils alt und schlecht gekleidet. Den Posten eines Kommandanten vertraut der Magistrat gewöhnlich einem fremden Generale an, der hohen Sold bezieht. [...]

Wie wir aus Danzig fuhren, erblickte ich das Meer, das rechter Hand in blauer Ferne schimmerte.

*Nikolai M. Karamsin*

## KÖNIGSBERG

Eine große Stadt, der Mittelpunkt eines Reiches, in welchem sich die Landeskollegien desselben befinden, die eine Universität zur Kultur der Wissenschaften und dabei noch die Lage zum Seehandel hat, welche durch Flüsse aus dem Innern des Landes sowohl mit angrenzenden als auch entlegenen Ländern von verschiedenen Sprachen und Sitten einen Verkehr begünstigt – eine solche Stadt, wie etwa Königsberg am Pregelflusse, kann schon für einen schicklichen Platz zur Erweiterung sowohl der Menschenkenntnis als auch der Weltkenntnis genommen werden, wo diese, auch ohne zu reisen, erworben werden kann.

*Immanuel Kant*

*Königsberg im Jahre 1813*

Hier in Königsberg gab es nun ein ganz neues, gewaltiges Leben der Freuden und Wonnen und auch des buntesten Getümmels, Lärms und Wirrwarrs, in dessen großen Knäul ich gottlob! nicht eingewickelt war, aber den ich stets wickeln und abrollen sah, und von dem auch mir bei Gelegenheit einige Fläche um Stirn und Nase schwirrten, auch sie zuweilen wohl etwas empfindlich streiften, denn ich ward, wie es in solchem mächtigen Wirrwarr zu geschehen pflegt,

61

*Die katholische Kirche in Heydekrug stammt aus dem Jahr 1850.*
*Rechts: Vor dem Schauspielhaus in Memel erinnert der Simon-Dach-Brunnen an den großen Sohn der Stadt, dessen Werke bis in die heutige Zeit lebendig blieben.*

*Beschauliche Fischeridylle im Hafen*
*von Schwarzort auf der Kurischen Nehrung.*

*Heftige Weststürme haben den Sand auf der Kurischen Nehrung zu hohen Dünen aufgetürmt und treiben
diese stetig landeinwärts. Mit systematischen Befestigungen und Bepflanzungen wird versucht,
der Wanderbewegung der Sandmassen Einhalt zu gebieten und die Kurischen Küstendörfer vor der
Verschüttung zu retten. Die Hohe Düne bei Nidden, die Agnes Miegel in einer Ballade besang, ist mit
einer Höhe von 63 Metern eine der gewaltigsten Sanderhebungen auf der Nehrung.*

## SAMLANDKÜSTE

Von Rauschen ab westlich beginnt das Ufer steil und waldig zu werden. Tiefe Schluchten, wie sie Rügen nicht hat, zerreißen hier das Gestade und bilden groteske Uferformationen. Zunächst liegt die Goffux-Schlucht, ein dichtes Waldgelände mit einer quelldurchrieselten, in das Meer hinabgehenden Schlucht, deren eines Ufer sandig ist, während das andere von den malerischen Waldgruppen überdeckt wird. Von hier wandert man immer hart am Ufer durch einen Wald nach dem einsam gelegenen Waldhäuschen. Überall gibt es hier Schluchten und Ruhepunkte am Ufer unter Tannen und Eichen, die einen herrlichen Blick auf das Meer und das ausgebuchtete Gestade erschließen. Dann führt der Küstenweg nach der Schlucht von Georgenswalde. Sie ist eine der schönsten des Samlandes, weil sie eng zwischen steilen Uferwänden in den mannigfachsten Windungen fortläuft, überwölbt von himmelanstrebenden Buchen und breitwipfligen Eichen und umrankt von blühendem Gestrüpp, während nach der See zu das Ufer wild herunterstürzt und hier und da eine Sandkuppe aufragt, auf welcher ein halbentwurzelter Baum als verlorener Posten steht.

Der Weg führt nun durch das freundliche Strandgütchen Georgenswalde nach der Oberförsterei von Warnicken und von dort zur Wolfsschlucht. Man steigt hinab wie in ein Blättermeer, dessen grüne Wogen über der Schlucht zusammenschlagen. An mancher Stelle scheint der Himmel kaum hindurch. Die Schlucht ist das im Sommer trockene, mit Geröll angefüllte Bett eines Wildbachs, über welches Brücken führen. Zerschmetterte Bäume sind hineingestürzt, andere hängen hinab, dem Niedersturz drohend. Die üppigste Vegetation bedeckt die steilen Wände, die sich nach dem Meere zu erweitern. Man wandert in der Schlucht bergauf, bergab, immer längs des Baches in der grünen Walddämmerung, gewiegt von dem eintönigen Rauschen des Meeres, das man noch nicht sieht, bis plötzlich die blaue See hereinstrahlt und sich dem Blick die unendliche lichte Meerferne auftut, ein überraschender Kontrast zu der Enge der Schlucht und ihrem Dunkel. Wir setzen uns auf einen der Granitblöcke nieder, welche hier das Meer in großer Zahl an die Küste gewälzt hat und betrachten die beiden steilen Schluchtwände; dann steigen wir den hohen Jägersteig hinauf, den Blick bald auf das Meer, bald auf den mächtigen Waldwuchs neben, über, unter uns. Nun gehen wir längs des Strandes des senkrecht abgestürzten Ufers bis auf die Fuchsspitze, einen hohen, mit schwarzem Geländer eingefaßten Vorsprung, von dem der Blick hinab fast schwindelerregend zur Weite des Meeres abgleitet. Vom Uferrand führen Wege unmittelbar in den Park von Warnicken. Ich sah manchen herrlichen Park in Deutschland, doch keinen von dieser Schönheit. Es ist ein wahrhafter Urpark, von der Natur selbst an das Meer gepflanzt, dessen Wellen, vom Sturm aufgewühlt, donnern oder still durch die Rieseneichen schimmern, die man beständig rauschen hört, wenn man unter jenen altersgrauen, moosbedeckten Bäumen liegt. Dort singt die Grasmücke und der Fink, der Specht hämmert, die Welle rauscht und die Blätter regen sich – die schönste Musik, die man haben kann. Die Rieseneiche streckt ihre gigantischen, knorrigen Äste weit hinaus in die nachbarliche Riesenbuche, und die Zweige bilden ein undurchdringliches Gewölbe. Unter diesen Bäumen gibt es viele vom höchsten Alter. Eine Heidenopfereiche, welche noch die Zeiten vor Adalbert von Prag gesehen, benennt eine Tafel, aber der Blitz hat den Stamm nun zersplittert. Reiche Vegetation, vom Seewind gefrischt, überdeckt den Boden. Die Campanula blüht hier in nie gesehener Üppigkeit und gießt eine blaue Flut zwischen den Stämmen hin. Eine Augustnacht in diesem Park, wenn alles Laub von Licht trieft oder in Schwarz getaucht ist und der Glühwurm funkelt, ist schon erlebenswert.

Warnicken ist der Gipfelpunkt der samländischen Natur. Hier erreichte sie ihre größte Schönheit, und damit sich begnügend, hörte sie auf, den Strand weiterhin reich auszustatten. Die Ufervegetation erstirbt von hier ab gegen Westen allmählich, aber desto grandioser treten bisweilen die nackten Uferbildungen hervor. Bei den Fischerdörfern Groß- und Kleinkuhren türmt sich die Küste in bizarr geformten Kegeln und Pyramiden von blauem Ton, Sand und Eisenocker, fast im Übergang zur Sandsteinbildung. Ins Land hinein dagegen zieht sich der schöne Forst von Warnicken.

*Ferdinand Gregorovius*

68

*Käserei bei Tilsit.*
*Seite 70/71: Vom Turm der mächtigen Marienkirche bietet Danzig einen bezaubernden Anblick.*
*Die hohen, spitzen Giebel der alten Bürgerhäuser erinnern an die Zeit, als sich hier das belebte Hafen- und*
*Handelsviertel der Hansestadt erstreckte.*

*Blick auf Frauenburg.*

# BERÜHMTE PERSÖNLICHKEITEN AUS OSTPREUSSEN

*Johannes Bobrowski* * 1917 Tilsit, †1965 Berlin.
Der Dichter und Schriftsteller war unter anderem als Verlagslektor in Ostberlin tätig. Er verfaßte Gedichte, Romane und Erzählungen, in denen er Geschichte und Motive seiner Heimat darstellt. Insbesondere in seinen Prosawerken reflektiert er das Verhältnis und die Beziehungen der Menschen im Osten Deutschlands zu ihren östlichen Nachbarn.
Werke: Lyrik: *Sarmatische Zeit* (1961); *Schattenland, Ströme* (1962); *Im Windgesträuch* (1970). Prosa: *Levins Mühle* (Roman, 1965); *Litauische Claviere* (Roman, 1967); *Nachbarschaft* (Erzählung, 1967).

*Lovis Corinth* * 1858 Tapiau, †1925 Zandvoort/Holland.
Corinth war ein bekannter Maler und Graphiker. Er besuchte zunächst die Kunstakademie in Königsberg, wechselte später nach München, wo er sich der Sezessionsbewegung anschloß, nach Antwerpen und Paris. Sein frühes Werk, das zahlreiche biblisch-mythologische Figuren umfaßt, ist vom Impressionismus geprägt und zeichnet sich vor allem durch eine leidenschaftliche Wirklichkeitserfassung aus. Im Alter strahlte eine größere Abgeklärtheit und Reife aus seinem künstlerischen Schaffen.

*Simon Dach* * 1605 Memel, †1659 Königsberg.
Der ostpreußische Dichter hatte ab 1639 eine Professur für Poesie an der Universität Königsberg inne. Sein dichterisches Werk wurde teilweise von H. Albert vertont und strahlt eine besinnliche Schwermut aus. Das bekannte Gedicht *Anke von Tharaw* (Ännchen von Tharau) wird Simon Dach zugeschrieben.

*Daniel Gabriel Fahrenheit* * 1686 Danzig, †1736 Den Haag/Holland.
Der Physiker und Konstrukteur von Meßinstrumenten stammt aus Danzig und soll deswegen hier ebenfalls angeführt werden. Seine berühmteste Leistung bestand in der erstmaligen Herstellung übereinstimmender Thermometer (1714).

Die nach ihm benannte Temperaturskala setzt den Gefrierpunkt des Wassers bei 32 Grad Fahrenheit, den Siedepunkt bei 212 Grad Fahrenheit an und ist heute in den USA und in Großbritannien gebräuchlich.

*Johann Christoph Gottsched* * 1700 Juditten bei Königsberg, †1766 Leipzig.
Gottsched studierte zunächst Theologie, später Philosophie an der Universität Königsberg. Vom Wolffschen Rationalismus geprägt, wandte er sich gegen den überbordenden Sprachschwulst des literarischen Barocks. Als er 1724 zum Senior der »Deutschübenden Poetischen Gesellschaft« wurde, nutzte er diese Position zur Realisierung seiner sprach- und literaturreformerischen Ziele. 1730 publizierte er seinen *Versuch einer Critischen Dichtkunst vor die Deutschen,* das nach Opitz bedeutendste Lehrbuch der Dichtkunst. Gottsched betätigte sich ebenfalls als Publizist der *Moralischen Wochenschriften* und als Dramatiker.
Werke: unter anderem *Erste Gründe der gesamten Weltweisheit* (1734); *Ausführliche Redekunst* (1736); *Grundlegung einer Deutschen Sprachkunst* (1748).

*Max Halbe* * 1865 Güttland bei Danzig, †1944 Burg bei Neuötting/Oberbayern.
Der Dramatiker und Schriftsteller lebte lange Zeit in München und hatte engen Kontakt zu Wedekind, Hartleben und Thoma. Der große dramaturgische Durchbruch gelang ihm 1893 mit seinem Drama *Jugend,* mit dem er großen Erfolg hatte. Seine Theaterwerke sind stets geprägt von Naturstimmungen und tragischem Geschehen in seiner westpreußischen Heimat.
Werke: Dramen: *Eisgang* (1892); *Mutter Erde* (1897); *Die Heimatlosen* (1899). Autobiographisches: *Scholle und Schicksal* (1933); *Jahrhundertwende* (1935); Romane.

*Johann Georg Hamann* * 1730 Königsberg, †1788 Münster.
Der Philosoph verbrachte den größten Teil seines Lebens in Königsberg und war mit Kant, Herder und Jacobi befreundet. Hamann war ein

*Rauschen an der Ostseeküste war seit jeher ein bekanntes Seebad. Ein feiner Sandstrand und die
zauberhafte Landschaft der Umgebung üben ihre Anziehungskraft auf zahlreiche Besucher des Landes aus.
»Ich sehe weder im schönen Thüringen noch im Harz eine so schäferlich romantische Gegend!« begeisterte
sich Ferdinand Gregorovius im vorigen Jahrhundert über Rauschen.
Rechts: Als weithin sichtbares Wahrzeichen ragt der Leuchtturm von Nidden in den Himmel.*

## OSTPREUSSENLIED

Land der dunklen Wälder
und kristallnen Seen,
über weite Felder
lichte Wunder gehn.

Starke Bauern schreiten
hinter Pferd und Pflug,
über Äckerbreiten
streift der Vogelzug. -

Und die Meere rauschen
den Choral der Zeit,
Elche stehn und lauschen
in die Ewigkeit.

Tag hat angefangen
über Haff und Moor,
Licht ist aufgegangen,
steigt im Ost empor.

*In jeder Strophe seines Ostpreußenliedes besingt Erich Hannighofer ein anderes Steinchen des Mosaiks der Landschaften, die die Schönheit und den Charakter Ostpreußens ausmachen. Der Blick auf die abendliche Idylle am Niedersee führt noch einmal in die Stille und Einsamkeit Masurens.*

# ORTSREGISTER

# LITERATURHINWEISE

*Ambrassat, A.:* Die Provinz Ostpreußen, 1912, Reprint Frankfurt am Main 1978.
*Becker, R. K.:* So schabberten wir to Hus, Leer 1974.
*Brunner, K.:* Ostdeutsche Volkskunde, 1925, Reprint Frankfurt am Main 1979.
*Clasen, K. H.:* Die mittelalterliche Kunst im Gebiet des Deutschordensstaates, Preußen, 1927, Reprint Frankfurt am Main 1979.
*Gause, F.:* Geschichte des Preußenlandes, Leer 1966.
*Hermanowski, G.:* Ostpreußen-Lexikon, Würzburg 1992.
*Hermanowski, G.:* Ostpreußen-Wegweiser, Mannheim 1989.
*Ipsen, G./Schreiber, O.:* Wir Ostpreußen, Salzburg 1952.
*Kirst, H. H.:* Deutschland deine Ostpreußen, Hamburg 1968.
*Naujok R.:* Ostpreußen, Westpreußen, Danzig, Memel, Mannheim 1982.
*Plenzat, K.:* Ostpreußische Heimatliteratur, Königsberg 1922.

*Reuschling, U.:* Von Danzig bis Masuren – Ostpreußen heute in Luftbildern, Leer 1992.
*Schumacher, B.:* Die Geschichte Ost- und Westpreußens, Göttingen 1957/Würzburg 1977.
*Stupperich, R.:* Die Reformation im Ordensland Preußen 1523/24, Ulm 1966.
*Syskowski, H. M. F.:* Reiseführer Ostpreußen (Memelland), Würzburg 1993.
*Ulbrich, A.:* Kunstgeschichte Ostpreußens, 1932, Reprint Frankfurt am Main 1976.
*Wagner, R. M./Dirkreiter, O.:* Ostpreußisches Panorama, Frankfurt am Main 1983.
*Weise, E.:* Ost- und Westpreußen, Stuttgart 1966.
*Wünsch, C.:* Ostpreußen, Berlin 1960.
*Ziesemer, W.:* Ostpreußische Dichtung, 1939.

# QUELLENVERZEICHNIS

Die Beiträge der Historischen Reise durch Ostpreußen in der Reihenfolge ihres Erscheinens im Text:

*Von Memel bis Danzig* aus: *Nikolai Michailowitsch Karamsin* Briefe eines russischen Reisenden, Berlin 1959.

*Samlandküste* aus: *Ferdinand Gregorovius* Idyllen vom baltischen Ufer, Königsberg 1940.

*Königsberg im Jahr 1813* aus: *Ernst Moritz Arndt* Ausgewählte Werke, herausgegeben und mit Anmerkungen von Heinrich Meisner und Robert Geerds, Leipzig 1908.

*Wanderungen an der Ostsee: Königsberg* aus: *Wilhelm Cornelius* Wanderungen an der Ostsee, Reprint Frankfurt am Main 1982.

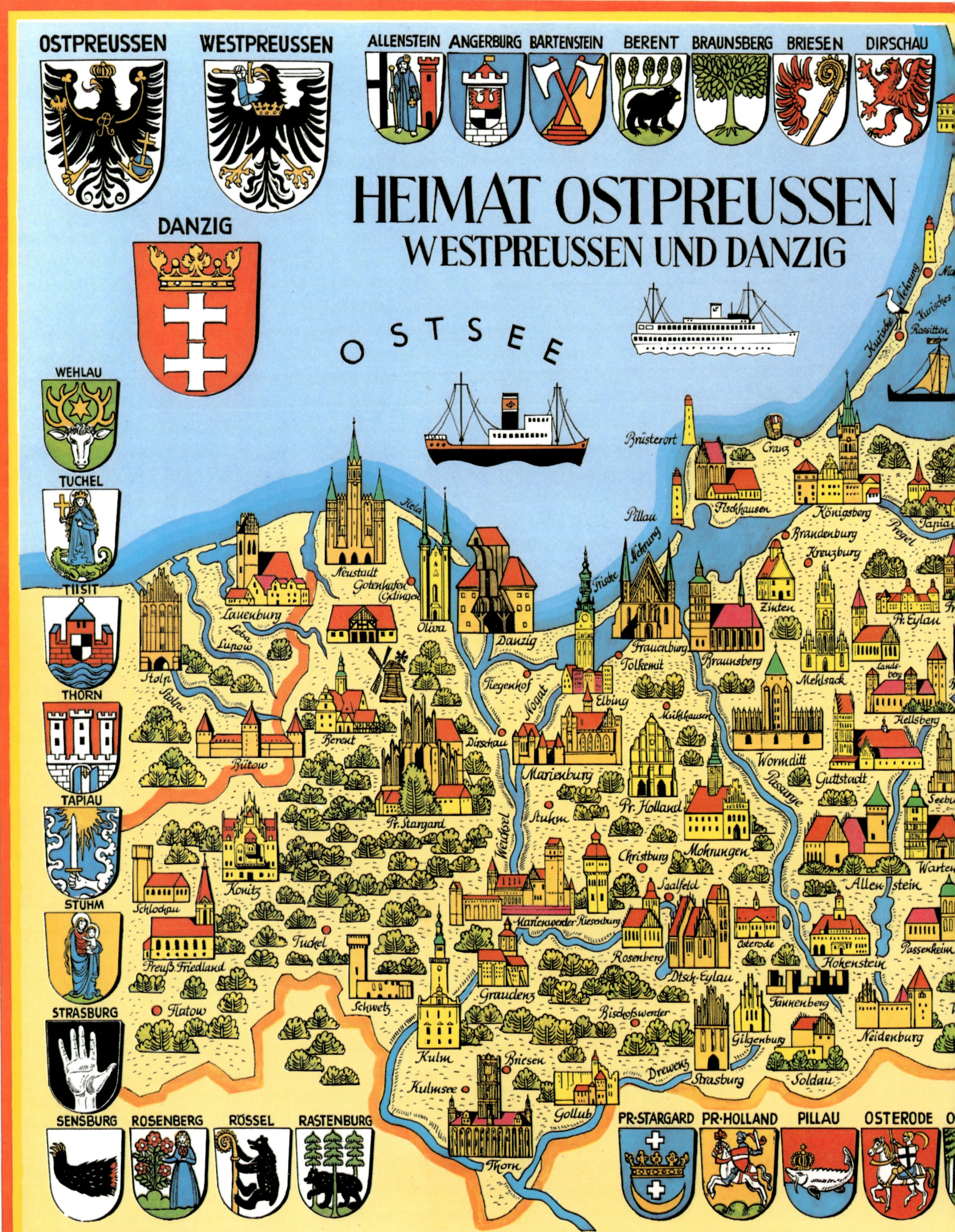